楚系簡帛字形合編系列五種

俞紹宏　主編

曾侯乙墓竹簡字形合編

洪德榮　葉　楠　編著

上海古籍出版社

國家社科基金重大項目“楚系簡帛文字職用研究與字詞合編”
（20&ZD310，校編號 KW2023001）

集美大學科研啓動金項目“楚簡字形合編、引得與《古文字字形譜》編撰”
（C622154)

主編簡介

俞紹宏，安徽巢湖人，集美大學文法學院教授。

作者簡介

洪德榮，臺灣省基隆市人。博士畢業于臺灣東華大學中文系，現任職于海南師範大學文學院，講師，漢語言文字學專業碩士生導師。研究方向爲出土文獻與古文字、漢字學、古代兵學思想。著有《先秦符節搜集、整理與研究》等。

葉楠，廣西壯族自治區柳州市人，美術專業。現爲自由職業者。

楚系簡帛字形合編系列五種
編寫説明

楚系簡帛材料具有很高的學術價值，爲了方便學者查檢、使用楚系簡帛資料，我們擬編撰叢書"楚系簡帛字形合編"。考慮到包山簡已經有了比較完善的《包山楚墓文字全編》，清華簡、安大簡正陸續刊佈，不僅所出各册自帶字表，其整理團隊還會編纂多種字形合編，我們選擇2022年以前公佈的上述三種之外的楚系簡帛材料，包括上海博物館藏楚簡、郭店楚簡、曾侯乙墓簡、新蔡葛陵簡、信陽長臺關簡，以及湘鄂兩省所出楚系簡帛，編成《楚系簡帛字形合編系列五種》。

曾侯乙墓竹簡國别屬於曾國，時代屬於戰國早期，相對於楚系其他簡牘，其字形具有一定的特殊性，故單獨編成《曾侯乙墓竹簡字形合編》。新蔡、信陽地處故楚國北界，現在又同屬河南省，故合編成《豫出楚簡字形合編》。湘鄂所出楚系簡帛二十五種多爲零散竹簡，每種字數不多，故合編成《湘鄂所出楚系簡帛字形合編(二十五種)》。郭店楚簡、上海博物館藏楚簡分别編成《郭店楚簡字形合編》與《上海博物館藏楚簡字形合編》。

儘管已刊的楚系簡帛文字材料大多數都有了字編，但或多或少地存在以下不足：或爲摹本而字形走樣，或爲選編而收録不全，或不附帶文例，或集成度不高，或因時代較早而誤釋較多，等等。我們力爭避免這些問題，力求窮盡地收録相關簡帛材料字形打造出字形全編，力求吸收文字考釋新成果、提高釋字準確率與可靠性，並附列出處與文例。

本叢書系列五種同已有的《包山楚墓文字全編》和清華簡、安大簡各册自帶字編一起，涵蓋了已刊的楚系簡帛材料字形。這些字形編在目前尚無收集材料比較齊全的楚系簡帛文字引得類工具書的情況下，擔當了"引得"的功能。在楚系簡帛成爲學術研究熱點的今天，這無疑會更加便利學者查檢、使用楚系簡帛材料。

由於我们學識所限，本叢書缺點與不當之處在所難免，真誠歡迎讀者朋友們批評指正。

主編　俞紹宏

2023年12月6日

凡　例

一、本編收録曾侯乙墓出土竹簡全部文字。字形圖版及釋文材料主要依據武漢大學簡帛研究中心、湖北省博物館編著《楚地出土戰國簡册合集（三）曾侯乙墓竹簡》（文物出版社，2019年），並參考了學界有關的考釋成果予以補充、修訂。

二、所收文字按照《説文》條目次序排列，不見於《説文》的條目，若字形可以辨認隸定的，一般按照筆畫數從少到多的順序排在見於《説文》的同部首字條後。

三、以《説文》中的非部首字爲部首者，附列於該非部首字條目之後。

四、凡某一條目下有不同異體者，在條目代表性字形後括注不同的異體字形。如A爲某字條代表字形，該字條在楚系簡帛中有A、B、C三体，條目標注爲“A（A、B、C）”；若A不見於簡文，則標注爲“A（B、C）”。以條目代表性字形統領不同的字位、字樣，相同的字位、字樣靠近編排，按照括注的異體字形順序收列字形。不同字位、字樣的編排盡量反映字形沿革關係。

五、每一條目下收録的字形以紅外綫圖像爲主，必要時附常規照片圖像，置於（）中。然後附列該字形出處、文例，字形出處用簡號表示，與文例之間用“/”隔開。

六、文例中原簡的“●”符號保留，釋文用通行繁體漢字釋寫，假借字一般直接破讀。文例中的條目字用“～”代替，若借用作别的字，在其後括注其本字（某些詞無本字，括注其後世通用或常用的假借字）；若後世有通行字形的，括注與其對應的通行字形。存疑字用字圖表示。

七、合文義類相同者排在一起，然後一般按照從簡到繁的順序排列。存疑字按照從簡到繁順序排列。

八、斷簡用“☒”標注，字形漫漶不清者用“□”代替，殘缺而可辨者用“〔 〕”括注。

目　録

卷一

一部

一

2/～懸箙
2/其～襦紫黄紡之綳
3/～戟
3/～翼翻
3/～桉
3/屯～翼之蔔
5/～襦貂與紫魚之箙
5/～襦載扈
6/屯～翼之翻
6/屯～翼之翻
9/～襦載扈
9/屯～翼之翻
13/～襦紫魚录魚之箙
14/～录魚之箙
14/～戟
14/～翼之翻
14/～晉桉
15/屯～莫之翻
16/～襦紫魚录魚之箙
17/～戟
17/～翼翻
17/～晉桉
17/屯～翼之翻
19/～襦貂紫魚之箙
19/～貍貘之聶
20/～猏綏
20/～戟
20/～翼之翻
20/～桉
20/屯～翼之翻
26/屯～錙～聶
26/屯～錙～聶
26/～襦貂录
27/屯～翼之翻
29/～录魚之聶
29/～襦貂與录魚之聶箙
30/～襦載扈
30/～戟
30/屯～翼之翻
30/～晉桉
30/屯～翼之翻
32/～紫魚之聶
33/～戟
33/～翼之翻
33/～晉桉
34/屯～翼之翻
36/～狐白之聶

37/～戟
37/屯～翼之翻
37/～晉杸
37/屯～翼之翻
39/～䙴紫魚與录魚之䩞
40/屯～貍䡞之䎀
40/～戟
40/～翼之翻
40/～杸
40/屯～翼之翻
42/軘紝吉●馭鄗君之～乘輊
43/～秦弓
46/～秦弓
46/～韔
46/屯～翼之翻
48/～秦弓
48/～犒綏
49/～韔
52/𨞶馬尹～馬
55/～韔
56/～秦弓
60/□〔葉〕●馭鄗君之～𨸏
60/～秦弓
61/～旆
61/～戟
62/～戟
62/～翼翻
62/～杸
63/哀●還馭命尹之～乘𨊠車
63/～䙴䎀
65/黄●豻馭郳君之～乘畋車
65/～秦弓
68/～䙴載扈
68/～戟
68/～翼之翻
68/～晉杸
68/～貂旃
69/屯～翼之翻
70/～秦弓
72/～韔
72/～秦弓
75/～韔
78/～䙴貂與录魚之䩞
79/～翼之翟
80/～䙴載扈
82/～戟
82/～翼之翻
82/～杸
83/屯～翼之翻
84/～戟
84/～翼之翻
84/～晉杸
84/屯～翼之翻
86/～䙴貂與录魚之䩞
86/～秦弓
86/～韔
88/屯～翼之翻
88/～䙴貂與录魚之䎀
88/～豻䡞之䎀
90/～貍䡞之䎀
90/～䥄䎀
91/～戟
91/～翼之翻
91/～晉杸
91/屯～翼之翼〈翻〉

97/～秦弓
97/～弇
97/屯～翼之翻
99/～箙
99/～貔聶
99/～戟
99/～柲
101/屯～翼之翻
102/～虎韔之聶
102/～彔魚之箙
102/～貔聶
102/～貍聶
102/～狐白之聶
102/～戟
102/～翼之翻
102/～柲
103/屯～翼之翻
104/～韓
104/屯～翼之翻
106/～戈
106/～翼之翻
106/～襦貂與紫魚之箙
110/～翼之翻
110/～晉柲
116/～ 䟣
117/丌～乘
119/鄴君幣～乘路車
119/鄴君～乘
120/～畋車
120/～椯轂
120/～王僮車
120/～輴輴車
122/～真楚甲
123/～氏裪
123/～常
123/～綢
123/～革衦
123/～革夜□
123/～真吴甲
124/～真楚甲
124/～真吴甲
125/～革綢
125/～吴甲
126/～楚甲
128/～綢
128/～吴甲
128/～綢
129/～吴甲
129/～吴甲
129/～吴甲
130/～索楚甲
130/～楚甲
130/～吴甲
131/～楚甲
131/～綢
133/～□
133/～吴甲
133/～革綢
133/～吴甲
134/～吴甲
136/～吴甲
136/～楚甲
137/～氏裪
137/～玉堅
138/～真吴甲
138/～真吴甲

138/～
162/復尹之～騏一黄
162/復尹之～騏一黄
187/王帑～乘路車
188/王帑～乘路車
189/王帑～乘路車
190/其～乘駟
192/鄴君之帑路車～乘
197/～黄駐左驌
197/～鑍駐爲右驌
197/～乘帑車
198/犢旟公之～帑階車
199/～驕駐
199/～黄駐
203/～乘帑車
210/宫廄尹～馬
210/郕司馬～馬
211/尹～馬
211/左阩徒～馬
211/右阩徒～馬
211/鄭成～馬
211/裁尹攽～馬
212/～夫
212/桊～夫
212/楚牛～夫
212/□～夫
212/□～夫
212/桐溪～夫
212/𤩽～人
212/□～夫
213/𤩽～夫
213/旝～夫

上 部

上

50/～軒
151/司馬～子爲左驂

下

50/～軒

三 部

三

3/～菓

5/～襛貂與录魚之箙
6/屯～菓

8/～貂襛紫魚之箙

9/屯～菓

14/～果
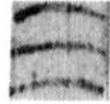
16/～豻殉之箙

19/～箙

20/～果

29/～襛紫魚录魚之箙

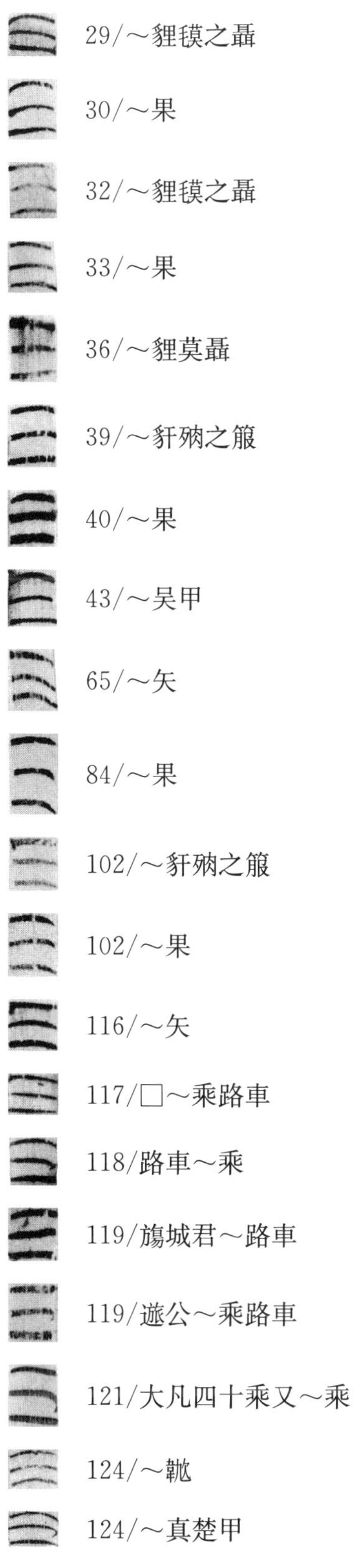

29/～貍锳之聶

30/～果

32/～貍锳之聶

33/～果

36/～貍莫聶

39/～豻殉之箙

40/～果

43/～吳甲

65/～矢

84/～果

102/～豻殉之箙

102/～果

116/～矢

117/□～乘路車

118/路車～乘

119/旒城君～路車

119/遊公～乘路車

121/大凡四十乘又～乘

124/～軏

124/～真楚甲

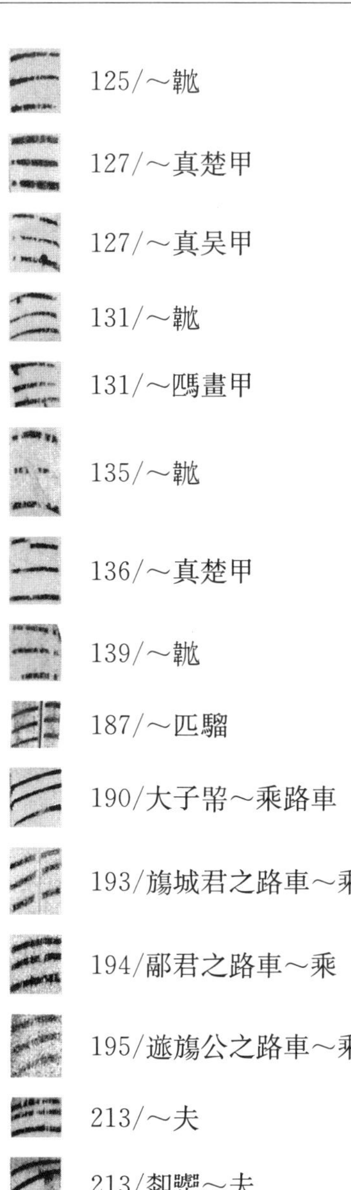

125/～軏

127/～真楚甲

127/～真吳甲

131/～軏

131/～𩣡畫甲

135/～軏

136/～真楚甲

139/～軏

187/～匹騮

190/大子幣～乘路車

193/旒城君之路車～乘

194/鄗君之路車～乘

195/遊旒公之路車～乘

213/～夫

213/紉𨟻～夫

王　部

王

13/黄●迲～所馭大殿

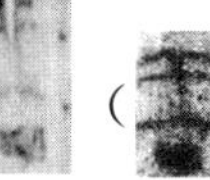

( ) 54/～●魚軒

 75/黄豊●馭～僮車

 120/一～僮車

 143/-～祁之黄爲右驂

 156/～孫生□之騏爲左驂

 177/～僮車

 187/～帑一乘路車

 188/～帑一乘路車

 189/～帑一乘路車

玉　部

玉

 123/～鋻

 137/一～鋻

環

 58/七聚～

 115/～

珥

 10/組～填

 64/紫組～

玳

 42/黄金之～

 42/黄金之～

 60/黄金之～

 60/豻～

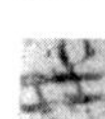 137/翠～

琱

 1/～造

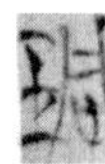 4/～造

 7/～造

 13/～造

 16/～造

 18/～造

 22/～造

 25/～造

 26/～造

 28/～造

 31/～造

 32/～造

 36/～造

 38/～造

 39/～造

 105/～造

堅

 123/玉～

 123/犀～

 137/一玉～

瑅

 138/翠～

瓇

 2/屯～組之綏

 2/屯～組之綏

 5/屯～組之綏

 8/～組之綏

 14/屯～組之綏

 17/～組之綏

 19/～組之綏

 23/屯～組之綏

 25/屯～組之綏

 26/屯～組之綏

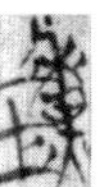 29/屯～組之綏

 32/屯～組之綏

 36/～組之綏

 38/～組之綏

 39/～組之綏

46/屯～組之綏

58/～組之綏

72/屯～組之綏

76/屯～組之綏

89/屯～組之綏

105/～組之綏

212/～一人

213/～一夫

瓔

57/六～

丨　部

中(𠁧)

𠁧

18/～(中)●圁令𩠅所馭少軒

126/～(中)●圁令𩠅馭少軒

152/～(中)圁尹之黄爲左驌

156/～(中)城子之騮爲左驌

207/入於此𣏾官之～(中)

208/凡宮廏之馬所入長坛之～(中)五乘
“中”之異體。

屮　部

屯

2/～瓗組之綏

2/～𩤷靴

2/～瓗組之綏

3/～八翼之翯

3/～一翼之翯

5/～貂𫓧之聶

5/～瓗組之綏

6/～𩤷靴

6/～三菓

6/～一翼之翯

6/～八翼之翯

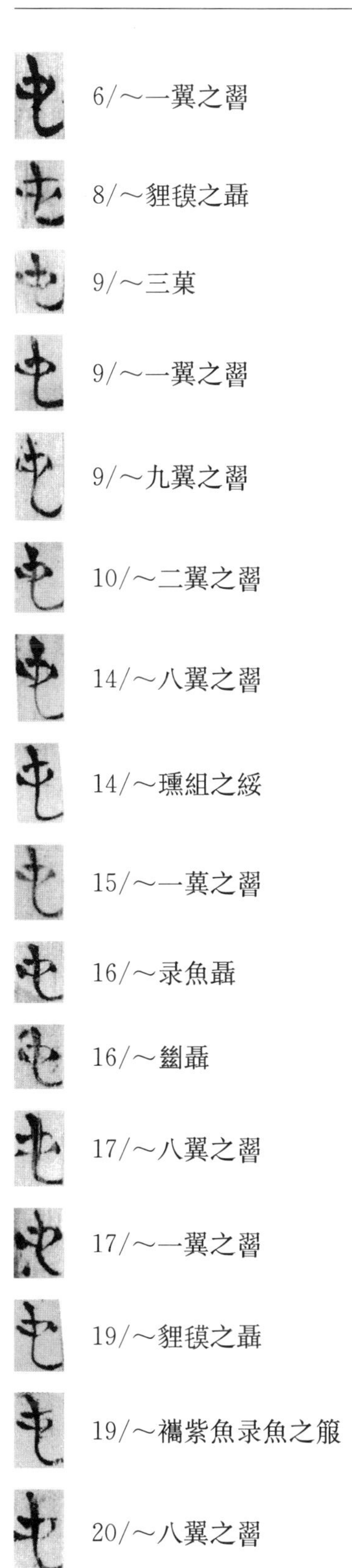

6/～一翼之𦑨

8/～貍⿰毛莫之聶

9/～三菓

9/～一翼之𦑨

9/～九翼之𦑨

10/～二翼之𦑨

14/～八翼之𦑨

14/～⿰王熏組之綏

15/～一蓂之𦑨

16/～录魚聶

16/～䜌聶

17/～八翼之𦑨

17/～一翼之𦑨

19/～貍⿰毛莫之聶

19/～襦紫魚录魚之艆

20/～八翼之𦑨

20/～一翼之𦑨

23/～⿰王熏組之綏

23/～狐聶

25/～⿰王熏組之綏

25/～狐聶

26/～⿰王熏組之綏

26/～狐聶

26/～一䜌聶

27/～一翼之𦑨

29/～⿰王熏組之綏

29/～⿰月虒⿰毛莫之聶

29/～狐白之聶

30/～八翼之𦑨

30/～一翼之𦑨

32/～⿰王熏組之綏

32/～⿰月虒⿰毛莫之聶

32/～襦豻與貍

 33/～八翼之▨

 34/～一翼之謵

 36/～狐聶

 37/謵～八翼

 37/～一翼之謵

 40/～一貍貘之聶

 40/～八翼之謵

 40/～一翼之謵

 42/～雹羿之謵

 43/～紫縢

 44/～鼓雹羿

 46/～𤩽組之綏

 46/～一翼之謵

 54/～貂定之稱

 55/～二翼之謵

56/～紫組之綏

 57/～貂稱

 59/～紫䩮之裹

 61/～猣羿謵

 62/～六翼之

 68/～狐白之聶

 68/～八翼之謵

 69/～一翼之謵

 72/～𤩽組之綏

 76/～𤩽組之綏

 78/～貍貘之聶

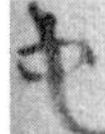 82/～八翼之謵

 83/～一翼之謵

 84/～八萛之謵

 84/～一翼之謵

 86/～狐白之聶

 88/～一翼之謵

 89/～紫裏

 89/～璑組之綏

 91/～八翼之翻

 91/～一翼之翼〈翻〉

 97/～一翼之翻

 99/～紫魚之聶

 99/～虓鎮之聶

 100/～六翼之翻

 101/～一翼之翻

 102/～巤聶

 102/～八翼之翻

 103/～一翼之翻

 104/～一翼之翻

 104/～貍鎮之聶

 105/～一翼之翻

 109/～

 117/～虓韔

 122/～玄組之縢

 137/～紫組之縢

 190/～麗

 191/～麗

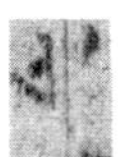 193/～麗

 194/～麗

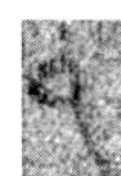 195/～麗

艸　部

菁

 142/～之爲左驂

 143/～之黄爲左騚

萁

 15/屯一～之翻

 84/屯八～之翻

149/□～之騮爲左驌
或可讀爲“翼”。

芳

212/～六夫

芹

212/～二夫

芫

161/石～贛桼以乘其畋車

萅

1正/大莫𨟻鴋爲適豧之～(春)八月庚申

苲

65/～䩨

71/～䩨

71/～鞎

菓

3/三～

6/屯三～

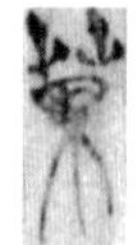
9/屯三～

62/二～

68/二～

荓

214/凡～、郘

莤

3/屯一翼之～

蕖

60/□〔～〕●馭鄗君之一韔

蘇

61/紫～
“藤”之異體。

菓

66/～紳

茻　部

莫

1 正/大～爏旞爲適豧之春八月庚申

36/三貍～聶

茻

143/某～(束)之黄爲右驌

146/某～(束)之少騙爲左驂

146 某～(束)之大騙爲右驌

151/某～(束)之騽爲左驌

175/某～(束)之騮爲右驂

讀爲"束"。

卷　二

小　部

少

18/中●詈令𢈔所馭～輊

126/中●詈令𢈔馭～輊

146/某柬之～騧爲左驂

169/～輊

177/～帀之駴爲左騑

177/～帀之騮爲右驂

210/～帀兩馬

八　部

八

1 正/大莫囂𦑗爲適豧之春～月庚申

3/屯～翼之䎘

6/屯～翼之䎘

14/屯～翼之䎘

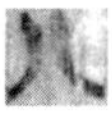

17/屯～翼之䎘

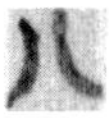

20/屯～翼之䎘

30/屯～翼之䎘

33/屯～翼之䎘

37/䎘屯～翼

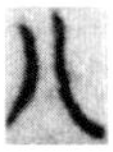

40/屯～翼之䎘

68/屯～翼之䎘

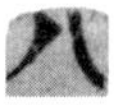

82/屯～翼之䎘

84/屯～莫之䎘

91/屯～翼之䎘

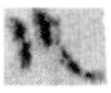

102/屯～翼之䎘

204/畋車～乘

公

57/新官令欹馭～左〔軒〕

119/遊～三乘路車

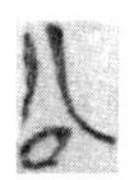 162/以乘魯旜～之䧟車

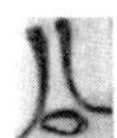 173/～騂爲左驂

 178/賓～之駴爲右驌

 180/賓～之黄爲右驌

 182/賓～之駴爲左驌

 183/賓～之驈爲左驌

 183/賓～之黄爲右驌

 195/遊旜～之路車三乘

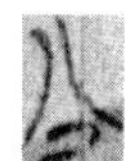 198/贇旜～之一䍐䧟車

 213/二[illegible]二～

牛　部

牛

 212/樊～一夫

牢

 146/～令之黄爲左驌

犀

 123/～坠

口　部

君

 42/軔紝吉●馭鄗～之一乘輊

 53/鄴●～之車

 60/□〔葉〕●[illegible]馭鄗～之一䡅

 65/黄●豻馭郹～之一乘畋車

 67/所馭●坪夜～之畋車

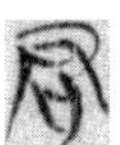 119/鄴～䍐一乘路車

 119/旜城～三路車

 119/鄴～一乘

 142/鄴～之騏爲右驂

 144/鄗～之騮爲左驌

 149/鄗～之黄爲右驂

 150/鄗～之騮爲左驌

 153/鄗～之騮爲左驌

 153/鄗～之騮爲右驌

 158/鄗～之騮爲左驌

 160/坪夜～之兩騮駜

 161/坪夜～之兩騮駜

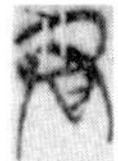 163/旂城～之騮爲左驌

 163/鄦～之騮駐爲右驌

 163/鄗～之陷車

 166/旂城～之騂爲左驌

 170/𨜒～子之譽爲右驌

 172/鄦～之譽爲右驌

 173/鄦～之騂爲左驌

 176/樂～之駐爲右驌

 185/鄦～之驈

 191/坪夜～之帣路車二乘

 192/鄴～之帣路車一乘

 192/鄴～之帣路車一乘

 193/旂城～之路車三乘

 194/鄗～之路車三乘

 197/鄗～之輊車

 201/郳～之帣敏車

 203/鄦～之圓軒

命

 63/哀●還馭～尹之一乘𨜒車

 202/～尹之帣畋車

唯

 124/緙～

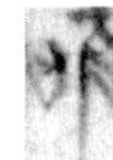 125/緙～

 128/緙～

 129/緙～

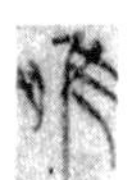 133/緙～

吉

 42/軻紝～●馭鄗君之一乘輊髓

哀

25/～●裒所馭左禮鞴

31/～●立馭左尹之𧼸

63/～●還馭命尹之一乘𤰩車

70/～宴

127/～●裒馭左禮旆

176/～臣之駐爲左驌

時

77/麗～椁車

走　部

趄

4/畫～(韣)

7/畫～(韣)

158/～(韣)定之騏爲左驂

讀爲"韣"。

逗

1 正/胄～執事人書入車

166/高～之騜爲左驂

趨

116/紫～

止　部

𧺆

175/𡉘～子爲左驌

𣥆

150/右～(阩)徒之騏爲左驂

152/左～(阩)徒之黄爲右驌

讀爲"阩"。

𡉘

175/～𧺆子爲左驌

175/～子爲右飛

𣥺

206/乘鞶人兩～(騅)

即"踓",讀爲"騅"。

崎

164/～(踦)馬
讀爲"踦"。

𨅝

213/䣄～三夫

此　部

此

207/入於～椁官之中

辵　部

適

1正/大莫𨟻𦨝爲～豧之春八月庚申

造(䢊)

䢊

1正/琱～(造)

3/弦～(造)

3/旗～(造)

3/～(造)

4/鐐～(造)

4/琱～(造)

5/弦～(造)

7/～(造)

7/琱～(造)

9/弦～(造)

11/～(造)

13/琱～(造)

15/～(造)

15/鐐～(造)

15/～(造)

15/弦～(造)

 15/旗～(造)

 16/琱～(造)

 16/弦～(造)

 17/旗～(造)

 17/～(造)

 18/鏃～(造)

 18/琱～(造)

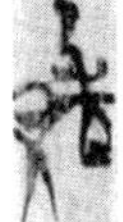 20/其旗～(造)

 20/弦～(造)

 22/鏃～(造)

 22/琱～(造)

 25/鏃～(造)

 25/琱～(造)

 26/琱～(造)

 28/～(造)

 28/～(造)

 28/琱～(造)

 30/旗～(造)

 31/鏃～(造)

 30/～(造)

 31/琱～(造)

 32/琱～(造)

 33/弦～(造)

 35/～(造)

 35/鏃～(造)

36/琱～(造)

37/弦～(造)

37/～(造)

38/鏃～(造)

38/琱～(造)

39/琱～(造)

40/弦～(造)

40/旗～(造)

41/～(造)

41/鏃～(造)

43/鏃～(造)

43/梱～(造)

43/彃～(造)

46/弦～(造)

46/～(造)

47/鏃～(造)

48/～(造)

48/弦～(造)

49/鏃～(造)

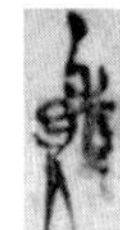
56/弦～(造)

57/鏃～(造)

59/鏃～(造)

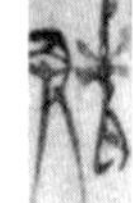
61/鏃～(造)

61/梱～(造)

 62/銅～(造)

 64/鐐～(造)

 68/弦～(造)

 72/弦～(造)

 72/～(造)

 79/鐐～(造)

 80/旗～(造)

 80/鐐～(造)

 81/鐐～(造)

 83/旗～(造)

 83/～(造)

 83/鐐～(造)

 84/弦～(造)

 84/旗～(造)

 84/～(造)

 85/鐐～(造)

 86/弦～(造)

 86/～(造)

 87/旗～(造)

 87/鐐～(造)

 89/～(造)

 89/鐐～(造)

 90/弦～(造)

 91/旗～(造)

 91/～(造)

 92/鏴～(造)

 93/～(造)

 94/～(造)

 94/鏴～(造)

 95/敹～(造)

 95/～(造)

 95/鏴～(造)

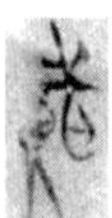 97/弦～(造)

 97/～(造)

 97/鏴～(造)

 98/鏴～(造)

 100/旗～(造)

 103/旗～(造)

 103/～(造)

 105/琱～(造)

 106/～(造)

 107/弦～(造)

 113/～(造)

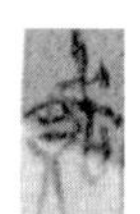 115/～(造)

 115/鏴～(造)

 120/攻差坪～(造)所行軴五乘

 122/幃～(造)

 122/幃～(造)

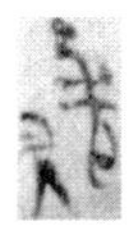
122/靴～(造)

122/彌韓～(造)

123/韓～(造)

123/雯～(造)

123/靴～(造)

124/栖～(造)

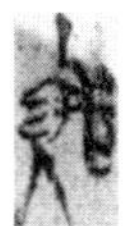
124/栖～(造)

124/栖～(造)

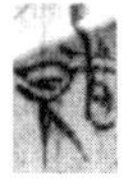
124/彌軐～(造)

125/栖～(造)

125/彌軐～(造)

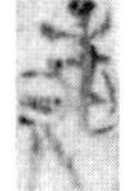
125/栖～(造)

125/栖～(造)

125/靴～(造)

126/彌軐～(造)

126/栖～(造)

126/栖～(造)

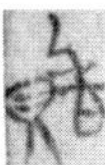
126/靴～(造)

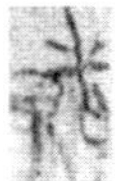
126/彌欿～(造)

127/栖～(造)

127/靴～(造)

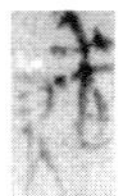
127/彌軐～(造)

127/栖～(造)

127/靴～(造)

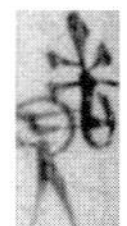
128/彌欿～(造)

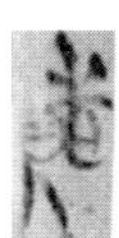
128/栖～(造)

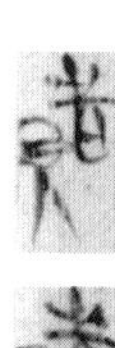
128/輖～(造)

128/鞁～(造)

129/韅靷～(造)

129/輖～(造)

129/輖～(造)

129/輖～(造)

129/鞁～(造)

130/韅歁～(造)

130/輖～(造)

130/輖～(造)

130/輖～(造)

130/鞁～(造)

131/輖～(造)

131/輖～(造)

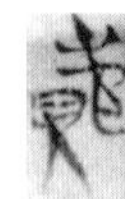
133/韅歁～(造)

133/輖～(造)

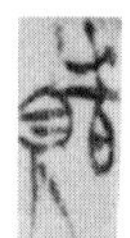
134/輖～(造)

135/輖～(造)

135/韅歁～(造)

136/輖～(造)

136/輖～(造)

137/幃～(造)

137/鞁～(造)

137/韅韗～(造)

138/韋～(造)

138/幃～(造)

138/幃～(造)

138/靴～(造)

138/彈䩞～(造)

138/溓鞅～(造)

139/彈歊～(造)

140/所～(造)十真又五真

141/所～(造)三十鴄之甲

150/新～(造)尹之騍爲右驂

173/新～(造)人之六馬
陳劍(2006)釋爲"造"。

63/哀●～馭命尹之一乘畋車

連

12/郘～囂東臣所馭政車

73/南陵●～囂愇馭樀轂

邊

172/～弄人六馬

辶

145/大～尹之黄爲左驌

155/～史啟之騽爲左驌

156/～史伐之騏爲右驌

迮

13/黄～王所馭大殿

辿

152/左阩～(徒)之黄爲右驌

211/左阩～(徒)一馬

211/右阩～(徒)一馬
讀爲"徒"。

逎

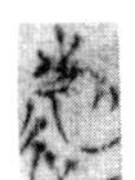
212/～二人
讀爲"傳"。

返

160/朱夜宴以乘～(復)尹之畋車

162/～(復)尹之一騏一黄
讀爲"復"。

遊

120/～車九乘

遮

119/～公三乘路車

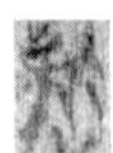

195/～鴋公之路車三乘
《曾侯乙墓》(1989)"旅"與"魯"音近可通。

𨖨

62/黄～●馭堅慶事之阩車

彳　部

徒

150/右阩～之騏爲左驂

152/左阩～之黄爲右驌

211/左阩～一馬

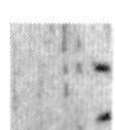

211/右阩～一馬

廴　部

建

1 正/右令～所乘●大轍

1 反/右令～馭大旆

47/黄●～馭墨乘

172/～巨之子爲右驂

行　部

行

120/攻差坪造所～輊五乘

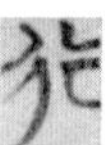

154/～輊

155/～輊

156/～輊

齒　部

齒

18/～輴

54/～鏞

58/～輴

63/～輴

齮

142/蔡～之騍爲右驌

鬗

32/鄜●～馭左彤殿

130/鄜～●馭左彤殿

牙　部

䶫

156/憍～尹之黄爲右驂

165/晛～坪之騂爲左驂

足　部

路(逄)

逄

115/～(路)車二乘

116/二乘～(路)車

117/□三乘～(路)車

118/～(路)車三乘

119/鄴君䍐一乘～(路)車

119/鴋城君三～(路)車

119/遊公三乘～(路)車

121/～(路)車九

178/大～(路)

179/戎～(路)

180/朱～(路)

181/朱～(路)

182/朱～(路)

183/韒～(路)

184/鞘～(路)

186/☑□～(路)

187/王幣一乘～(路)車

188/王幣一乘～(路)車

189/王幣一乘～(路)車

190/大子幣三乘～(路)車

191/坪夜君之幣～(路)車二乘

192/鄴君之幣～(路)車一乘

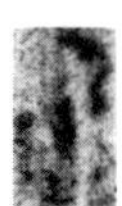
192/鄴君之幣～(路)車一乘

193/旒城君之～(路)車三乘

194/鄗君之～(路)車三乘

195/遊旒公之～(路)車三乘

195/凡幣～(路)車九乘

196/凡～(路)車九乘
"路"之異體。

欧

137/紫～之滕

疋 部

疋

175/～乘之六馬

卷　三

句　部

鉤

115/～

十　部

十

120/凡軖車～乘又二乘

140/所造～真又五真

159/凡大官之馬～乘

207/凡宮廄之馬與～乘

209/車～乘又五

言　部

肆

214/所䢼石梁～䢼柤新田之盟

音　部

歆

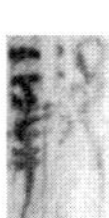

43/無～

126/彈～造

128/彈～造

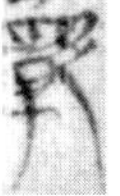

133/彈～造

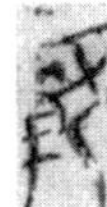

135/彈～造

139/彈～造

䡄

124/彈～造

125/彈～造

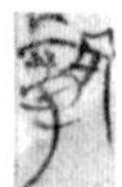
126/彈～造

128/彈～

138/彈～造

䡋

67/新官～桼

䡑

161/石芫～桼以乘其畋車

䡴

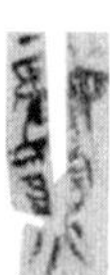
81/乘馬～白羿
或可讀爲“載”或“戴”。

収 部

弇

31/二襡～扈

60/～扈

62/～扈

97/一～

舁 部

與

2/襡紫魚～录魚

5/三襡貂～录魚之箙

5/一襡貂～紫魚之箙

14/二襡貂～录魚之箙

29/一襡貂～录魚之聶〈箙〉

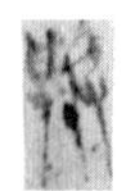
32/屯襡豻～貍

36/四襽貂～录魚之箙

39/一襽紫魚～录魚之箙

46/襽貂～紫魚之箙

55/襽貂～录魚之韝

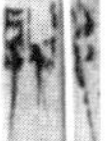
55/襽貂～紫魚之箙

63/襽貂～录魚之箙

67/襽紫魚～豻之箙

70/襽貂～紫魚之箙

71/襽貂～紫魚之箙

73/襽貂～紫魚之☐

78/一襽貂～录魚之箙

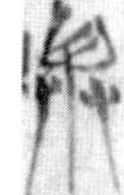
86/一襽貂～录魚之箙

88/一襽貂～录魚之聶

96/襽貂～录魚之箙

99/襽貂～紫魚之箙

99/襽貂～录魚之箙

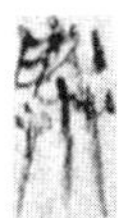
104/襽貂～紫魚之箙

106/襽貂～录魚之韝

106/一襽貂～紫魚之箙

164/長腸人～杙人之馬

205/乘鳖人兩～其車

207/凡宮廄之馬～十乘

革　部

革

4/～韃

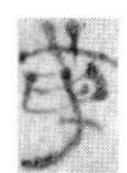
12/～鞎

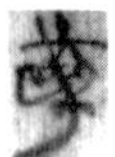 25/～綏

 26/～𦆫

 28/～𩞯

 32/～綏

 38/～綏

 43/～綏

 45/～𩍐

 46/～㦸

 47/～韔

 47/～𩍐

 48/～弦

 48/～𩍐

 54/～𩍐

 54/～弓

 57/～𩍐

 63/～𩍐

 66/兩馬之～轡

 73/～𩍐

 75/～𩍐

 75/～韔

 77/其～轡

 105/～綏

 123/一～衦

 123/一～夜□

 125/一～綢

 133/一～綢

鞞

73/貍～之聶

鞎(鞶)

鞶

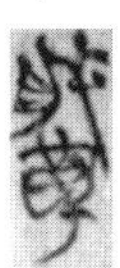
1 正/～(鞎)

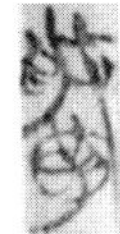
4/～(鞎)

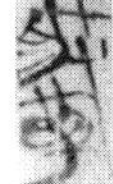
7/～(鞎)

12/革～(鞎)

13/～(鞎)

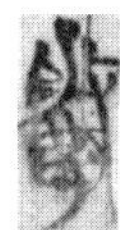
16/～(鞎)

18/～(鞎)

22/～(鞎)

25/～(鞎)

28/～(鞎)

31/～(鞎)

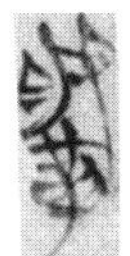
32/～(鞎)

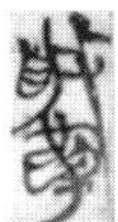
36/～(鞎)

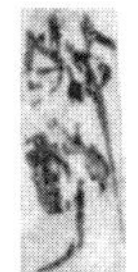
38/～(鞎)

39/～(鞎)

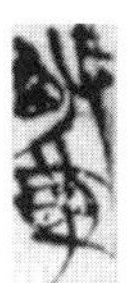
47/革～(鞎)

62/～(鞎)

75/革～(鞎)

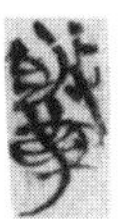
105/～(鞎)

鞁

7/乘馬之～

18/～

35/～

38/～

41/～

49/～

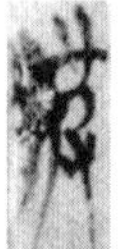
57/四～

59/～

79/～

85/鞎～

87/～

89/～

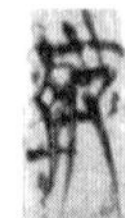
92/四～

94/～

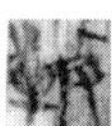
95/四～

114/～

115/鞎～

勒

44/紫～

66/黄金之～

80/黄金之～

鞅

3/～

7/～

10/～

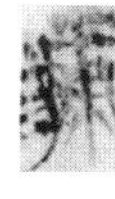 15/～

 17/～

 21/～

 28/～

 35/～

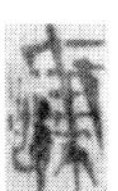 37/～

 41/～

 43/～

 46/～

 49/～

 56/～

 59/～

 61/～

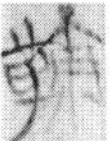 64/～

 66/～

 69/～

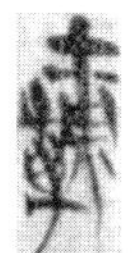 72/～

 78/～

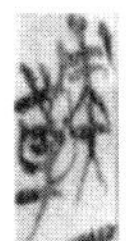 80/～

 83/～

 84/～

 86/～

 89/～

 91/～

 95/～

 97/～

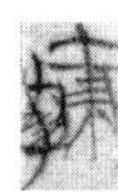
98/～

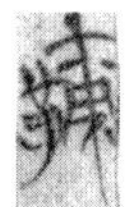
98/削紫录之～

103/～

113/～

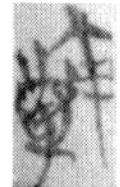
115/～

138/～

鞏

64/黄金之～

鞞

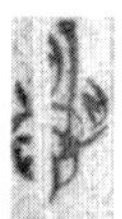
98/膿～

鞍

83/鯀～

鞁

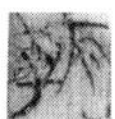
123/～隊

鞎(鞎、鞻)

鞎

6/～敗

7/～紳

10/～顯

10/～紳

21/～顯

24/～紳

46/～敗

49/～□

49/～紳

56/～鞴鞴

56/～紳

59/～敗

59/～韄韂

59/～紳

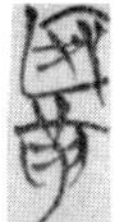
64/～敗

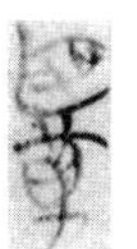
64/～顯

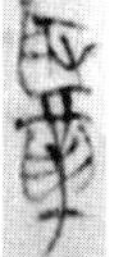
66/～敗

69/～顯

69/～紳

72/～敗

78/～敗

78/～韄韂先秦兩

79/～紳

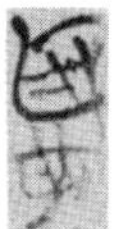
85/～鞁

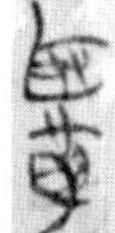
86/～敗

89/～敗

95/～敗

95/～紳

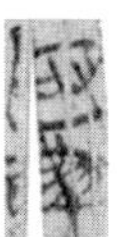
101/～敗

112/～敗

113/～韄韂

113/～紳

115/～敗

115/～鞁

⿰革聚

80/～貝

80/～紳
“⿰革取”字異體。

⿰革韋

123/～造

韡

122/韊～贈

137/韊～贈

韅(⿱顯革)

⿱顯革

80/～(韅)

爪　部

爲

正 1/大莫囂鴋～適豧之春八月庚申

142/蒨之[illegible]～左驂

142/卿事之騮～左騑

142/蔡齮之騍～右騑

142/鄭君之騏～右驂

143/獵耴之黄～左驂

143/蒨之黄～左騑

143/某束之黄～右騑

143/王衵之黄～右驂

144/駃騮～左驂

144/鄗君之騮～左騑

144/北坪～右騑

144/右尹之騮～右驂

145/右尹之白～左驂

145/大让尹之黄～左驌

145/大攻尹之騮～右驌

145/鄎牧之騏～右驂

146/某束之少騧～左驂

146/牢令之黄～左驌

146/某束之大騧～右驌

146/依騏～右驂

147/鄎牧之騍～左驂

147/高鄎之騮～左驌

147/大首之子騂馬～右驌

147/鄎牧之騍～右驂

149/鄗尹之騮～左〔驂〕

149/□蒖之騮～左驌

149/憍騮～右驌

149/鄗君之黄～右驂

150/右阩徒之騏～左驂

150/鄗君之騮～左驌

150/右司馬之騮～右驌

150/新造尹之騍～右驂

151/司馬上子～左驂

151/某束之礨～左驌

151/畋尹之騮～右驌

151/鄭成之騮～右驂

152/大攻尹之騮～左驂

152/中嘼尹之黄～左驌

152/左阩徒之黄～右驌

152/戠尹之脁騮～右驂

153/墭馬尹之騮～左驂

153/鄗君之騮～左驌

153/鄗君之騮～右驌

153/槓騏～右驂

154/右尹之白～左驂

154/右尹之騏～左驌

154/宰尹臣之騏～右驌

154/右尹之騮～右驂

155/笀斬之譽～左驂

155/辻史啟之譽～左驌

155/宰尹臣之黄～右驌

155/辟之騮～右驂

156/王孫生□之騏～左驂

156/中城子之騮～左驌

156/辻史伐之騏～右驌

156/憍舀尹之黄～右驂

157/贏尹郻之譽～左驂

157/郯騮～左驌

157/贏尹郻之黄～右驌

157/濬之騮～右驂

158/趄定之騏～左驂

158/鄗君之騮～左驌

158/贅尹之騏～右驌

158/贅尹之騮～右驂

163/旃城君之騮～左驌

163/鄓君之騮駐～右驌

164/郤牧之生駁～左驌

164/黝夫之生駁～右驌

165/暊舀坪之騳～左驂

165/晉旃駁～左驌

165/贅尹之騳～右驌

165/鄭騳～右驂

166/高趄之騜～左驂

166/旃城君之騂～左驂

166/湔騮～右驌

166/驪～右驂

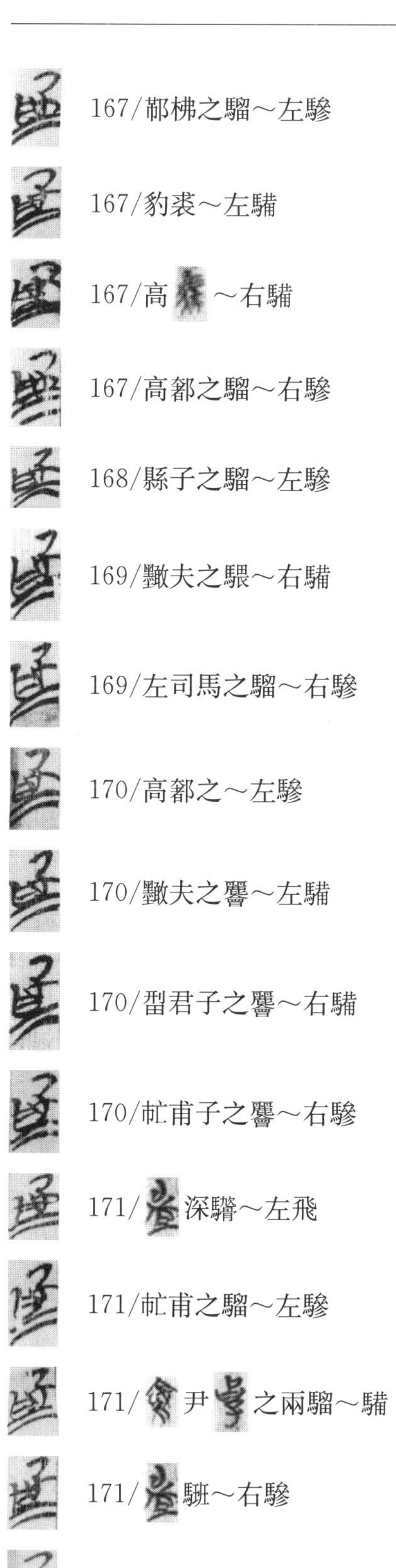

167/郙梻之騮～左驂

167/豹裘～左驌

167/高～右驌

167/高鄱之騮～右驂

168/縣子之騮～左驂

169/黝夫之騩～右驌

169/左司馬之騮～右驂

170/高鄱之～左驂

170/黝夫之騽～左驌

170/𨛛君子之騽～右驌

170/杙甫子之騽～右驂

171/深驓～左飛

171/杙甫之騮～左驂

171/尹之兩騮～驌

171/騈～右驂

171/宋客之騮～又飛

172/殤褑之騽～左飛

172/猿之騽～左驂

172/卿事之騽～左驌

172/鄦君之騽～右驌

172/建巨之子～右驂

172/猿之騽～右飛

173/邡鄗之騂～左飛

173/公騂～左驂

173/鄦君之騂～左驌

173/憍之子～右驌

173/宋司城之騂～右驂

173/大首之子騂～右飛

174/沱國～左飛

174/嫘駘～左驂

174/黝夫之騽～左驌

174/矼黑～右驌

174/難駁～右驂

174/司馬之白～右飛

175/宮廄尹之騮～左飛

175/大宰之騮～左驂

175/歪𤴓子～左驌

175/大首之子～右驌

175/某束之騮～右驂

175/歪子～右飛

176/鄭禮白～左飛

176/宋司城之駐～左驂

176/哀臣之駐～左驌

176/欒君之駐～右驌

176/左尹之駐～右驂

176/西郝之駐～右飛

177/之騏～左驂

177/少帀之駴～左驌

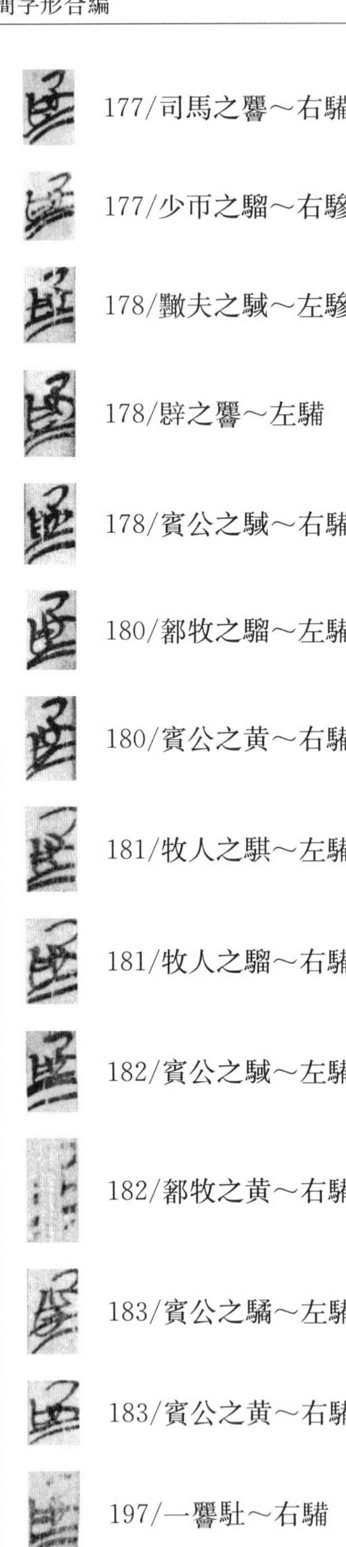

177/司馬之䮞～右驌

177/少帀之騮～右驂

178/黝夫之駴～左驂

178/辟之䮞～左驌

178/賓公之駴～右驌

180/鄒牧之騮～左驌

180/賓公之黃～右驌

181/牧人之騏～左驌

181/牧人之騮～右驌

182/賓公之駴～左驌

182/鄒牧之黃～右驌

183/賓公之驕～左驌

183/賓公之黃～右驌

197/一䮞駐～右驌

214/杙～人

又　部

又

3/～

30/～

84/～

120/凡輊車十乘～二乘

121/大凡四十乘～三乘

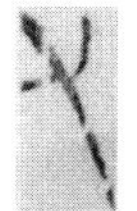
140/大凡六十真～四真

171/宋客之騮爲～飛

右

1 正/～令建所乘●大𨏥

1 反/～令建馭大旆

36/黄夏●馭～𨏥

38/黄●㭹馭～肜𨏥

39/柘●馭～褈殿

131/黄夏●馭～旆

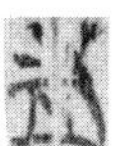
133/黄●㭹馭～褈𨏥

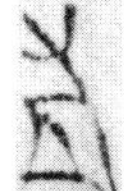
136/黄●馭～殿

136/～褈殿

142/蔡齮之騍爲～驌

142/鄅君之騏爲～驂

143/某朿之黄爲～驌

143/王衵之黄爲～驂

144/北坪爲～驌

144/～尹之騮爲右驂

144/右尹之騮爲～驂

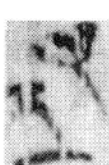
145/～尹之白爲左驂

145/大攻尹之騮爲～驌

 145/郗牧之騏爲～驂

 146/某束之大騮爲～驌

 146/依騏爲～驂

 146/～齭

 147/大首之子騁馬爲～驌

 147/郗牧之騠爲～驂

 147/～齭

 149/憍騮爲～驌

 149/鄗君之黄爲～驂

 150/～阩徒之騏爲左驂

 150/～司馬之騮爲右驌

 150/右司馬之騮爲～驌

 150/新造尹之騠爲～驂

 151/畋尹之騮爲～驌

 151/鄭成之騮爲～驂

 152/左阩徒之黄爲～驌

 152/戠尹之尯騮爲～驂

 152/～輾

 153/鄗君之騮爲～驌

 153/櫝騏爲～驂

 153/～輾

 154/～尹之白爲左驂

 154/～尹之騏爲左驌

 154/宰尹臣之騏爲～驌

 154/～尹之騮爲～驂

 154/右尹之騮爲～驂

 155/宰尹臣之黄爲～驌

 155/辟之騮爲～驂

 156/让史伐之騏爲～驌

 156/憍舀尹之黄爲～驂

 157/羸尹郻之黄爲～驌

 157/瀋之騮爲～驂

 158/贅尹之騏爲～驌

 158/贅尹之騮爲～驂

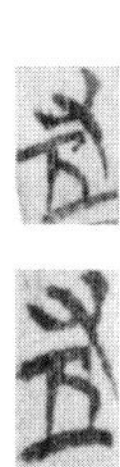 163/鄦君之騮駐爲～驌

 164/黝夫之生駁爲～驌

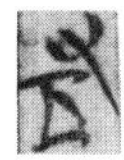 165/贅尹之騼爲～驌

 165/鄭騼爲～驂

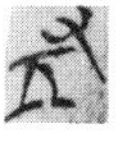 166/洀騮爲～驌

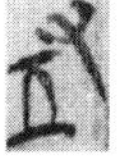 166/驪爲～驂

 167/高 爲～驌

 167/高都之騮爲～驂

 169/黝夫之騍爲～驌

 169/左司馬之騮爲～驂

 170/𤰈君子之䮾爲～驌

 170/杗甫子之䮾爲～驂

 171/騑爲～驂

 172/鄦君之䮾爲～驌

 172/建巨之子爲～驂

 172/獴之䮾爲～飛

 173/憍之子爲～驌

 173/宋司城之騂爲～驂

 173/大首之子騂爲～飛

 174/杠黑爲～驌

 174/難駁爲～驂

 174/司馬之白爲～飛

 175/大首之子爲～驌

 175/某束之騮爲～驂

 175/𦣻子爲～飛

 176/樂君之駐爲～驌

 176/左尹之駐爲～驂

 176/西邡之駐爲～飛

 177/司馬之䮾爲～驌

 177/少币之騮爲～驂

 178/賓公之騼爲～驌

 180/賓公之黄爲～驌

 181/牧人之騮爲～驌

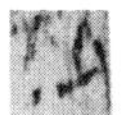 182/鄱牧之黄爲～騞

 183/賓公之黄爲～騞

 197/一譻駐爲～騞

 203/～騞駐

 210/～尹兩馬

 211/～阩徒一馬

尹

 31/哀●立馭左～之皇

 48/宮●廄～馭安車

 52/馬～一馬

 63/哀●還馭命～之一乘翟車

 70/所馭●鄦～之畋車

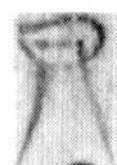 71/～●瘻馭畋車

 144/右～之騮爲右驂

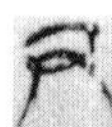 145/右～之白爲左驂

 145/大让～之黄爲左騞

 145/大攻～之騮爲右騞

 149/鄗～之騮爲左〔驂〕

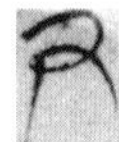 150/新䠀～之騦爲右驂

 151/畋～之騮爲右騞

 152/大攻～之騮爲左驂

 152/中嘼～之黄爲左騞

 152/觳～之膔騮爲右驂

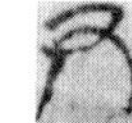 153/壛馬～之騮爲左驂

 154/右～之白爲左驂

 154/右～之騏爲左騞

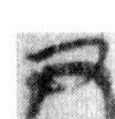 154/宰～臣之騏爲右騞

 156/慉沯～之黄爲右驂

 157/贏～郚之譻爲左驂

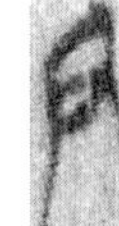 157/贏～郚之黄爲右騞

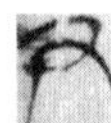 162/復～之一騏一黄

 165/贅～之駥爲右騞

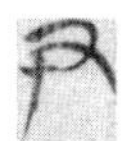 171/～之兩騮爲驌

 175/宮廄～之騮爲左飛

 176/左～之駐爲右驂

 185/攻～之騮

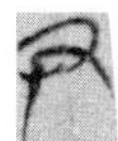 202/命～之帑畋車

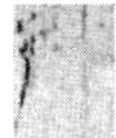 210/□～兩馬

 210/右～兩馬

 210/左～乘馬

 210/大～兩馬

 210/宮廄～一馬

 211/～一馬

秉

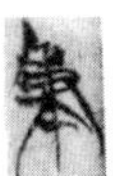 3/箙五～

 5/箙五～

 9/箙五～

 15/箙五～

 17/〔箙〕五～

 20/箙五～

 30/箙五～

 33/箙五～

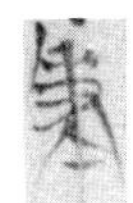 37/箙五～

 40/箙五～

 43/矢二～又六

 46/矢五～

 48/矢五～

 56/矢五～

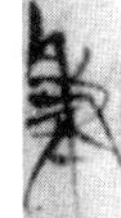 68/箙五～

 72/五～矢

84/箙五～

86/矢五～

94/箙五～

95/矢五～

97/矢五～

反

53/～录之弦

73/～录之裏

彗(篲)

篲

9/翠～

史 部

史

155/辻～啟之騽爲左驌

156/辻～伐之騏爲右驌

事

1 正/冑趘執～人書入車

62/黄validated●馭𤔲卿～之阩車

142/卿～之騮爲左驌

172/卿～之騽爲左驌

199/卿～之阩車
讀爲“士”。

聿 部

書

1 正/冑趘執事人～入車

畫 部

畫

1 正/～

4/～趄

7/～趄

7/～

13/～

15/二～戲

16/～

17/二～戲

18/～

22/～

27/〔二〕～戲

30/二～戲

31/二～扈之載

34/□二～戲

36/～

37/二～戲

38/～

40/二～戲

54/～戲

69/二～戲

83/二～戲

84/二～戲

88/～戲

91/二～戚

97/二～戚

103/～戚

104/～戚

105/～

124/乘馬～甲

126/乘馬～甲

127/乘馬～甲

128/六馬～甲

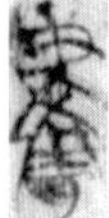
131/三㔷～甲

137/乘馬～甲

137/～韓

138/乘馬～甲

臤　部

臤

62/黄遼●馭～卿事之阩車

臣　部

臣

12/郜連囂東～所馭政車

154/宰尹～之騏爲右驂

155/宰尹～之黄爲右驂

176/哀～之駘爲左驂

殳　部

杸

3/一～

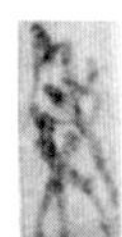
14/一晉～

17/一晉～

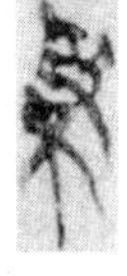
20/一～

30/一晉～

33/一晉～

37/一晉～

40/一～

62/一～

68/一晉～

82/一～

84/一晉～

91/一晉～

99/一～

102/一～

110/一晉～

攴 部

敃

155/辻史～之騽爲左驂

政

12/郜連爋東臣所馭～車

123/～車

166/～車

敗

6/鞁～

46/鞁～

56/敓～

59/鞁～

61/削～

64/鞁～

 66/鞁～

 69/敆～

 72/鞁～

 78/鞁～

 86/鞁～

 89/鞁～

 95/鞁～

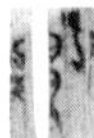 101/鞁～

 112/鞁～

 115/鞁～

 115/削～

攻

 120/～(工)差坪贜所行韓五乘

 145/大～(工)尹之騮爲右驂

 152/大～(工)尹之騮爲左驂

 185/～(工)尹之騮

讀爲“工”。

敃(敏)

敏

65/黄●豻馭鄍君之一乘～(敃)車

 67/所馭●坪夜君之～(敃)車

 70/所馭●鄎尹之～(敃)車

 71/尹●瘻馭～(敃)車

 120/一～(敃)車

 151/～(敃)尹之騮爲右驂

牧

 145/鄀～之騏爲右驂

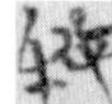 147/鄀～之騍爲左驂

 147/鄀～之騍爲右驂

 164/鄀～之生駁爲左驂

179/鄗～之參匹駒騮

180/鄗～之騮爲左驂

181/～人之騏爲左驂

181/～人之騮爲右驂

182/鄗～之黄爲右驂

184/～人之兩黄

㪘

152/䌛尹之～騮爲右驂

211/䌛尹～一馬

敍

95/～造

敂

1 正/右～(令)建所乘●大䡅

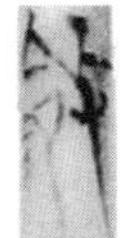
1 反/右～(令)建馭大旆

4/宫廄～(令)䟡所馭乘䡅

7/差(左)～(令)弘所馭䡅=

18/中●䍐～(令)䡆所馭少輴

57/新官～(令)欹馭公左〔軒〕

126/中●䍐～(令)䡆馭少輴

146/牢～(令)之黄爲左驂
讀爲"令"。

敆

1 正/～靭

2/屯～鞁

4/～靭

6/屯～鞁

8/～靭

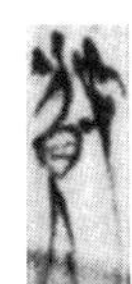
8/～肩

 8/二～軑

 10/～銜

 14/～軑

 17/～軑

 18/～韌

 19/二～軑

 20/～銜

 23/～軑

 25/～軑

 26/～韌

 26/～軑

 29/～軑

 31/～韌

 36/～韌

 36/二～軑

 38/～軑

 56/～敗

 58/～韌

 58/～軑

 69/～敗

 69/～韄䩛

 73/～

 73/～韌

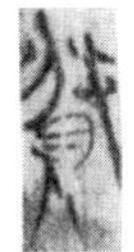
88/～韌

96～韌

101/～

105/～靴
"紛"之異體。

敲

2/～聶

（）11/～

斆

50/黽組之～

63/紫組之～

64/紫組之～

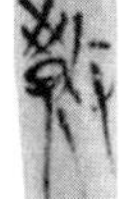
65/紫繐之～

66/紫繐之～

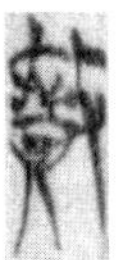
67/黽組之～

115/黽組之～

用　部

用

5/～矢

9/～矢

20/～矢

68/～矢

甫

170/朼～子之騽爲右驂

171/朼～之騮爲左驂

212/羔～四夫

卷　四

𠂚　部

魯

162/以乘～旟公之陷車

睗

212/𨜒姑長～

羽　部

𦐕

6/紫～之常

42/屯霝～之翻

44/屯戠霝～

61/屯貘～翻

79/玄～之首

81/乘馬鬞白～

106/录～之鉡

翟

79/一翼之～

翻

3/一翼～

3/屯八翼之～

6/屯一翼之～

6/屯八翼之～

6/屯一翼之～

9/屯一翼之～

9/屯九翼之～

10/屯二翼之～

14/一翼之～

14/屯八翼之～

15/屯一蓂之～

17/一翼～

17/屯八翼之～

17/屯一翼之～

20/一翼之～

20/屯八翼之～

20/屯一翼之～

28/〔屯一翼〕之～

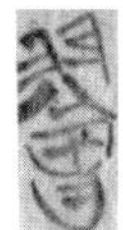
30/一翼之～

30/屯八翼之～

30/屯一翼之～

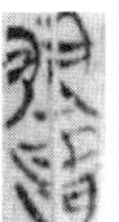
33/一翼之～

34/屯一翼之～

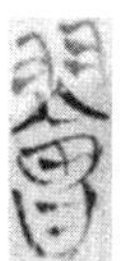
37/一翼之～

37/～屯八翼

37/屯一翼之～

40/一翼之～

40/屯八翼之～

 40/屯一翼之～

 43/屯䨓翆之～

 46/屯一翼之～

 55/屯二翼之～

 61/屯貗翆～

 62/一翼～

 68/一翼之～

 68/屯八翼之～

 69/屯一翼之～

 80/二翼之～

 82/一翼之～

 82 屯八翼之～

 83/屯一翼之～

 84/一翼之～

 84 屯八蓂之～

 84/屯一翼之～

 88/屯一翼之～

 91/一翼之～

 91/屯八翼之～

 97/屯一翼之～

 99/二翼之～

 100/屯六翼之～

 101/屯一翼之～

102/一翼之~

103 屯八翼之~

103/屯一翼之~

104/屯一翼之~

106/一翼之~

110/一翼之~

111/翼之~

隹 部

難

174/~駁爲右驂

萑 部

舊

164/~安車

羊 部

羊

6/紫~須之總

9/紫~須之總

68/~須之總

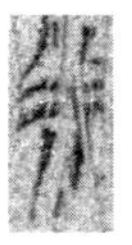
212/~甫四夫

鳥 部

鵻

46/~(皃)旃

86/~(皃)旃

89/~(皃)旃
讀爲“皃”。

䳨

6/~(翠)首

9/～(翠)紃

9/～(翠)頸

9/～(翠)篲

72/～(翠)首

72/～(翠)頸

89/～(翠)首

131/～(翠)冑

136/～(翠)鴋

137/～(翠)弍

138/～(翠)鴋

138/～(翠)堤
讀爲"翠"。

鴋

136/翠～

138/翠～

烏　部

於

207/入～此桲官之中

丝　部

𢆶

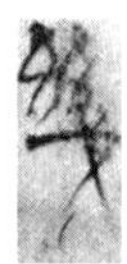
93/虒～之雺

玄　部

玄

79/～翌之首

122/屯～組之縢

131/～市之縢

歺　部

殉

1 正/豻～

16/三豻～之䈰

39/三豻～之䈰

102/三豻～之䈰
蘇建洲(2012)釋爲“股”。

殤(殤)

殤

172/～(殤)褑之釁爲左飛

肉　部

虒

正 1/～韔

8/～鏌之聶

13/～韔

13/～鏌之聶

16/～韔

18/～首之霥

23/～韔

24/～

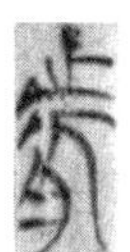
25/～韔

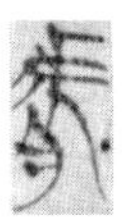
26/～韔

28/～首之霥

29/～韔

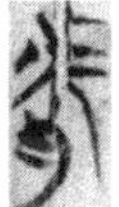
29/屯～鏌之聶

32/～韔

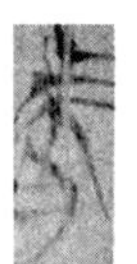 32/屯～鞮之轟

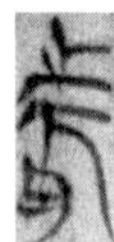 36/～韔

 39/～韔

 42/～韔

 42/～鞮之轟

 58/～鞮之轟

 60/～韔

 60/～鞮之轟

 65/～韔

 65/～鞮之轟

 67/～鞮之轟

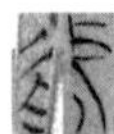 70/～韔

 70/～鞮之稱

 73/～韔

 78/～鞮之轟

 78/～鞮之稱

 91/～首之蒙

 93/～綫之蒙

 93/～韠

 96/～鞮之轟

 98/～鞮之稱

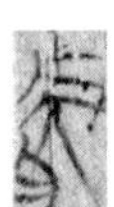 99/屯～鞮之轟

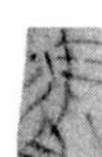 100/二～

 102/～韔

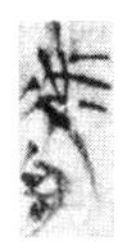
102/一～镆之聶

103/～首之鞆

105/～韔

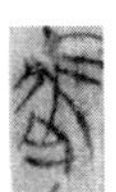
115/～韔

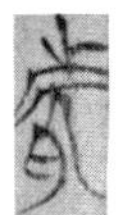
117/屯～韔

腸

164/長～人與杙人之馬

166/長～人之駟馬

刀　部

削

3/～顯

43/～緐鞍

61/～敗

98/～紫录之鞅

115/～敗

劃(𦘒)

𦘒

6/～(劃)启

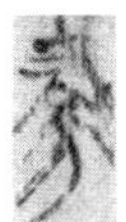
18/～(劃)启

25/～(劃)

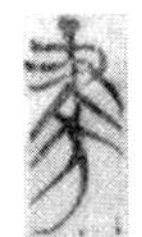
26/～(劃)

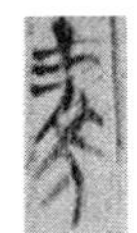
32/～(劃)

39/～(劃)

58/～(劃)启

60/～(劃)軔

67/～(劃)启

70/～(剴)韌

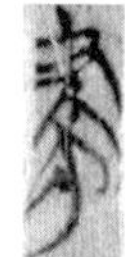
71/～(剴)扈

73/～(剴)扈

88/～(剴)扈

96/〔～(剴)〕扈

104/～(剴)扈

116/～(剴)席
剴之異體。

刑

75/～轓之輪

𦉪

63/哀●還馭命尹之一乘～車

170/～君子之𩍂爲右驂

角部

衡

6/～

10/歆～

20/歆～

43/～

61/～

64/～

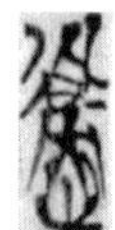
66/～

101/～

112/～

115/～

卷　五

竹　部

笁

155/～斬之饜爲左驂

笁

10/貂定之～

筥

54/績～

箙(箙)

箙

2/之～(箙)

2/二懸～(箙)

2/一懸～(箙)

3/～(箙)五秉

5/三襛貂與录魚之～(箙)

5/一襛貂與紫魚之～(箙)

5/～(箙)五秉

8/三貂襛紫魚之～(箙)

9/～(箙)五秉

13/一襛紫魚录魚之～(箙)

14/二襛貂與录魚之～(箙)

14/一录魚之～(箙)

15/～(箙)五秉

16/一襦紫魚录魚之～(䈏)

16/三豻䄄之～(䈏)

16/～(䈏)五秉

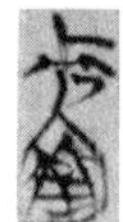
19/三～(䈏)

19/屯襦紫魚录魚之～(䈏)

19/一襦貂紫魚之～(䈏)

20/～(䈏)五秉

26/二襦紫魚录魚之～(䈏)

29/三襦紫魚录魚之～(䈏)

29/一襦貂與录魚之聶～(䈏)

30/～(䈏)五秉

32/四～(䈏)

33/～(䈏)五秉

36/四襦貂與录魚之～(䈏)

37/～(䈏)五秉

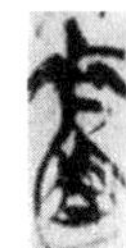
39/一襦紫魚與录魚之～(䈏)

39/三豻䄄之～(䈏)

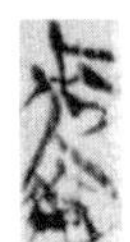
40/～(䈏)五秉

42/豻□之～(䈏)

42/二紫韐之～(䈏)

46/襦貂與紫魚之～(䈏)

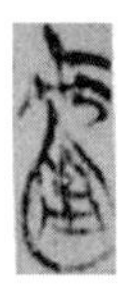
48/录魚之～(䈏)

56/〔襦貂與紫〕魚之～(䈏)

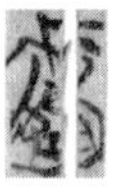
58/二貂襦录魚之～(䈏)

60/豻~(箙)

60/二紫韐之~(箙)

62/豻~(箙)

63/襡貂與录魚之~(箙)

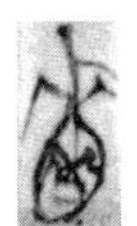
65/貍~(箙)

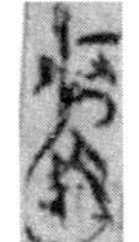
67/襡紫魚與豻之~(箙)

68/~(箙)五秉

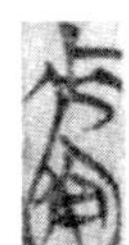
70/襡貂與紫魚之~(箙)

72/紫魚之~(箙)

74/襡貂之~(箙)

78/一襡貂與录魚之~(箙)

84/~(箙)五秉

86/一襡貂與录魚之~(箙)

90/貂录魚之~(箙)

90/~(箙)五☐

94/~(箙)五秉

96/襡貂與录魚之~(箙)

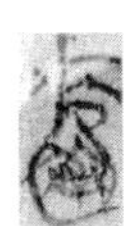
99/一~(箙)

99 二~(箙)

102/一录魚之~(箙)

102/三豻𣧑之~(箙)

104/襡貂與紫魚之~(箙)

106/一襡貂與紫魚之~(箙)

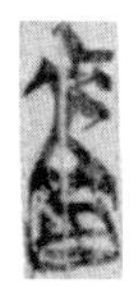
107/～(箙)

109/□貂之～(箙)

箄

67/～𩎟

70/～𩎟

丌　部

丌

2/～一襩紫

6/～旗

20/～旗𩊠

77/～革轡

117/～一乘

161/石芫贛桼以乘～畋車

190/～一乘駟

190/～二乘屯麗

205/乘肇人兩□與～車

左　部

左

16/黄●賫所馭～鞁

22/裘●定所馭～殿

25/哀●裛所馭～褈鞁

31/哀●立馭～尹之肈

32/鄜●鬻馭～彤殿

57/新官令畝馭公～〔軒〕

125/黄●賫馭～旆

127/裘定●馭～殿

127/哀●裛馭～褈旆

130/鄜鬻●馭～彤殿

142/莆之□爲～驂

142/卿事之騮爲～騑

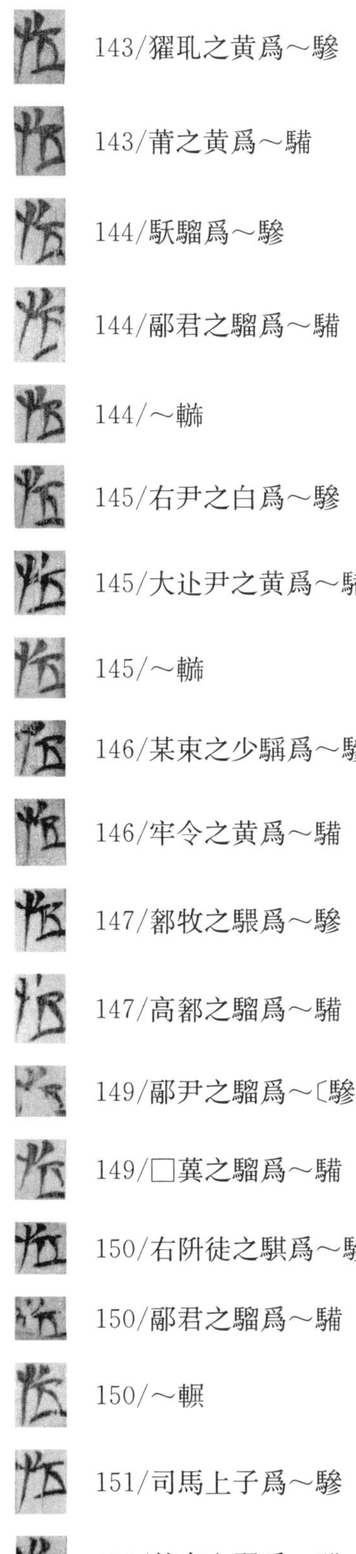

143/玀耴之黄爲～驂

143/莆之黄爲～騞

144/駃騮爲～驂

144/鄗君之騮爲～騞

144/～輔

145/右尹之白爲～驂

145/大迖尹之黄爲～騞

145/～輔

146/某束之少騗爲～驂

146/牢令之黄爲～騞

147/鄱牧之騍爲～驂

147/高都之騮爲～騞

149/鄗尹之騮爲～〔驂〕

149/□蔞之騮爲～騞

150/右阩徒之騏爲～驂

150/鄗君之騮爲～騞

150/～轅

151/司馬上子爲～驂

151/某束之譽爲～騞

151/～轅

152/大攻尹之騮爲～驂

152/中嚚尹之黄爲～騞

152/～阩徒之黄爲右騞

153/𨛭馬尹之騮爲～驂

153/鄗君之騮爲～騞

154/右尹之白爲～驂

154/右尹之騏爲～騞

155/笠斬之譽爲～驂

155/迖史啟之譽爲～騞

156/王孫生□之騏爲～驂

156/中城子之騮爲～騞

157/鼊尹鄵之譽爲～驂

157/郲騮爲～騞

158/趄定之騏爲～驂

158/鄗君之騮爲～騞

163/旐城君之騮爲～騞

164/鄱牧之生駁爲～騞

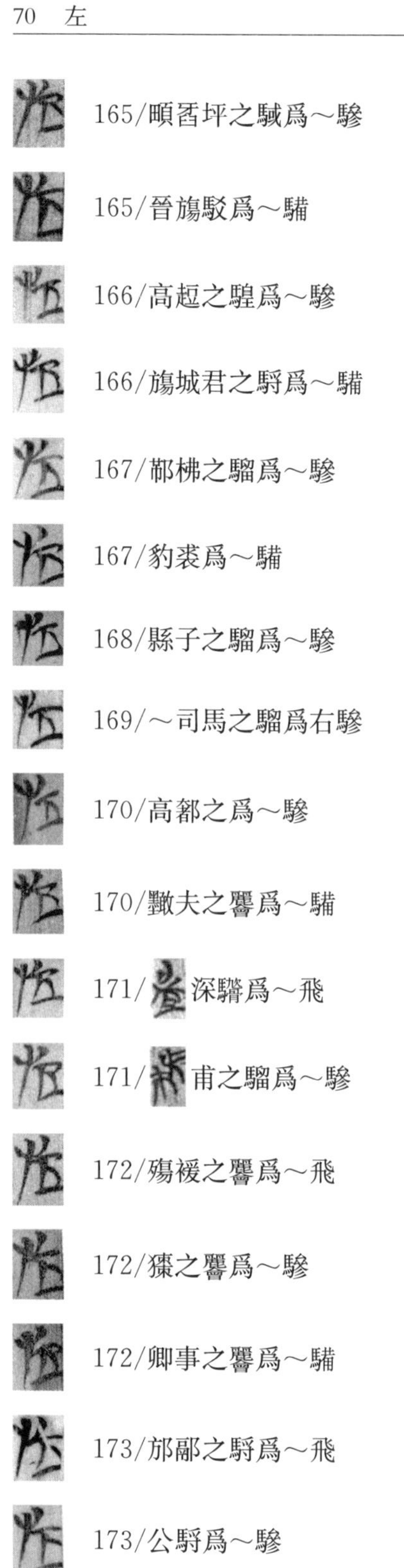

165/頣𦬁坪之騻爲～驂

165/晉旟駁爲～騞

166/高趑之騜爲～驂

166/旟城君之騂爲～騞

167/郙梻之騮爲～驂

167/豹裘爲～騞

168/縣子之騮爲～驂

169/～司馬之騮爲右驂

170/高都之爲～驂

170/黝夫之駟爲～騞

171/深驓爲～飛

171/甫之騮爲～驂

172/殤裎之騮爲～飛

172/𤟹之騮爲～驂

172/卿事之騮爲～騞

173/郂鄗之騂爲～飛

173/公騂爲～驂

173/鄦君之騂爲～騞

174/沱國爲～飛

174/嬛駐爲～驂

174/黝夫之駟爲～騞

175/宮廄尹之騮爲～飛

175/大宰之騮爲～驂

175/坓王子爲～騞

176/鄭褈白爲～飛

176/宋司城之駐爲～驂

176/哀臣之駐爲～騞

176/～尹之駐爲右驂

177/之騏爲～驂

177/少市之騻爲～騞

178/黝夫之騻爲～驂

178/辟之騮爲～騞

180/都牧之騮爲～騞

181/牧人之騏爲～騞

182/賓公之騻爲～騞

183/賓公之驈爲～騞

197/一黃駐～騞

203/～騎騜

210/～尹乘馬

211/～阩徒一馬

差

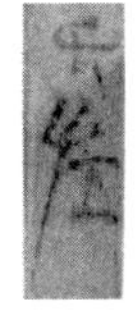
7/～(左)令弘所馭韾=
該字上部不詳，疑爲差字誤書。

120/攻～(左)坪造所行軞五乘
讀爲"左"。

工　部

巨

172/建～之子爲右驂

豊　部

豊

75/黄●馭王僮車

虎　部

虎

62/～韔

80/～雺

皿　部

盄

214/所贙石梁肆贙柤新田之～
曾侯簡原整理者疑"盄"爲"盟(盟)"字的變體。

丹　部

臒

1正/～輪

3/～紳

4/～輪

7/～輪

13/～輪

15/～紳

16/～輪

18/～紳

18/～輪

22/～紳

22/～輪

25/～輪

28/～紳

30/〔～〕

32/～輪

35/～紳

36/～輪

38/～紳

38/～輪

39/～輪

41/～紳

47/～紳

83/～紳

87/〔～〕紳

89/～紳

91/～紳

93/～紳

97/～紳

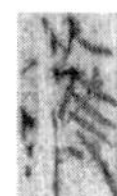
98/～鞞

103/～紳

彤

32/鄜●齧馭左～殿

38/黄●棉馭右～轙

 122/乘馬之～甲

 125/乘馬～甲

 126/乘馬～甲

 127/乘馬～甲

 130/鄜鬶●馭左～殿

 130/乘馬～

 135/〔乘馬〕～甲

 139/乘馬～甲

䪭

 10/～鞍

 58/～韋之席

入　部

入

 1 正/胄趄執事人書～車

 207/～於此槨官之中

 208/凡宮廄之馬所～長坛之中五乘

矢　部

矢

 3/～

 5/用～

 9/用～

 15/～

 16/～

 20/用～

 33/～

 37/～

 40/～

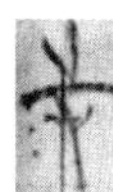 43/～二秉又六

 46/～五秉

 48/～五乘

 56/～五乘

 60/九～

 65/三～

 68/用～

 70/九～

 72/五乘～

 84/～

 86/～五乘

 90/～

 94/～

 95/～五乘

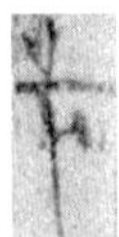 97/～五乘

 107/～

 116/三～

高　部

高

 147/～都之騮爲左驌

 166/～趄之騜爲左驂

 167/～爲右驌

 167/～都之騮爲右驂

170/～都之爲左驂

夊　部

夏

 36/黄～●馭右𨍏

 131/黄～●馭右旆

韋　部

韋

54/緐～之席

58/牺～之席

66/煴～之䩉

112/緐～之

韔(亙)

亙

1 正/虓～(韔)

5/录魚之～(韔)

8/录魚之～(韔)

13/虓～(韔)

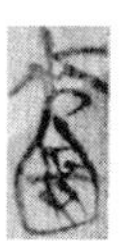

16/虓～(韔)

19/紫〔魚之〕～(韔)

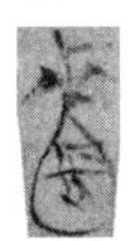

23/虓～(韔)

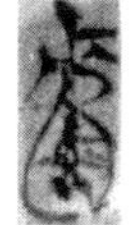

25/虓～(韔)

26/虓～(韔)

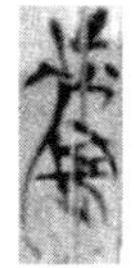

29/虓～(韔)

32/虓～(韔)

36/虓～(韔)

39/虓～(韔)

42/虓～(韔)

45/紫魚之～(韔)

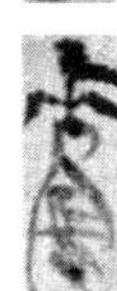

48/紫魚之～(韔)

55/紫魚之～(韔)

58/紫魚之～(韔)

60/虓～(韔)

62/虎～(韔)

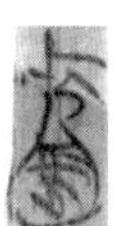
63/彔魚之～(韔)

65/虓～(韔)

67/豻～(韔)

70/虓～(韔)

71/彔魚之～(韔)

73/虓～(韔)

74/彔之～(韔)

78/彔魚之～(韔)

88/彔魚之～(韔)

96/紫魚之～(韔)

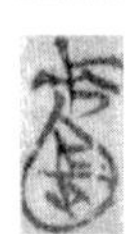
99/豻～(韔)

102/虓～(韔)

104/彔魚之～(韔)

105/虓～(韔)

106/彔魚之～(韔)

韌

1 正/歆～

4/歆～

8/歆～

13/酉～

 16/西～

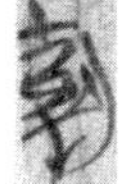 18/斂～

 23/辭～

 25/辭～

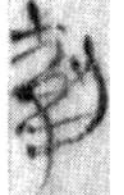 26/斂～

 28/辭～

 31/斂～

 32/緜～

 36/斂～

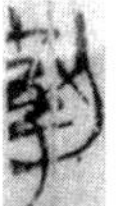 38/緜～

 39/貧～

 43/紛～

 45/貧～

 53/繽～

 54/貧～

 58/斂～

 61/〔劃〕～

 62/緜～

 63/緜～

 67/紛～

 70/劃～

 71/貧～

 73/斂～

 75/繽～

 88/歛～

 96/歛～

 104/縯～

 105/繇～

鞁

 11/～

 15/～

 22/～

 25/～

 28/四～

 31/～

 47/～

 69/～

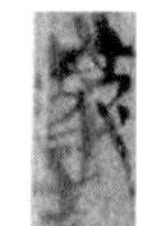 83/～

 97/～

鞍

 69/西～

 115/繇～

靴

 2/屯歛～

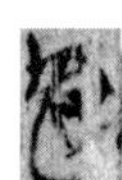 6/屯歛～

 8/二歛～

 14/歛～

 17/歛～

 19/二歛～

 23/歛～

 25/歛～

 26/斂～

 29/斂～

 32/繽～

 36/二斂～

 38/斂～

 39/貧～

 46/無～

 49/繽～

 55/繽～

 58/斂～

 72/貧～

 75/繽～

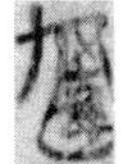 86/貧～

 97/貧～

 104/貧～

 105/斂～

 122/～造

 123/～造

 124/三～

 125/三～

 125/～造

 126/～造

 127/～造

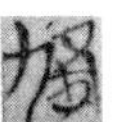 127/～造

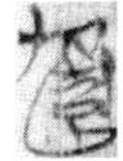 128/～造

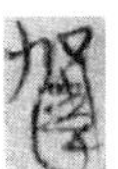 129/～造

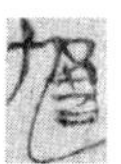 130/～造

 131/三～

 135/三～

 137/～造

 138/～造

139/三〔～〕

鞘

183/～路

184/～路

韜

3/韝～

10/韝～

15/韝～

17/韝～

20/韝～

28/韝～

30/韝～

34/韝～

37/韝～

41/韝～

56/鞎韝～

59/鞎韝～

69/敓韝～

78/鞎韝～

83/韝～

84/韝～

86/韝～

89/韝～

91/韝～

97/～䩦

103/鞿～

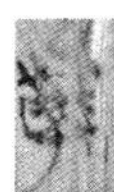
113/鞹鞿～

鞥

2/二～

6/二～

8/二～

14/二～

17/二～

19/二～

23/二～

25/二～

26/二～

29/二～

32/二～

36/二～

38/二～

39/二～

46/一～

49/一～

55/一～

58/二～

72/一～

75/一～

86/一～

95/～

104/一～

105/二～

韇

45 豻～

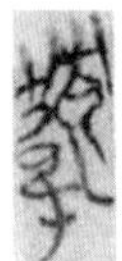
48/豻～

55/䊷貂與录魚之～

63/豻～

70/貍～

71/豻～

73/豻～

85/豻～

96/豻～

106/䊷貂與录魚之～

115/虤～

117/屯虤～

119/䋈～
可讀爲"襮"。

韡

3/豻～

7/貂～

11/豻～

22/豻～

31/豻～

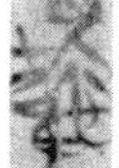
35/豻～

47/豻～

56/豻～

59/～

69/貂～

87/豻～

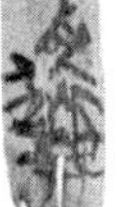
89/～

93/虒～

95/豻～

97/豻～

114/豻～

䮧

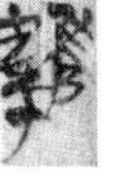
3/～䩞

10/～䩞

15/～䩞

17/～䩞

20/～䩞

28/～䩞

30/～䩞

34/～䩞

37/～䩞

40/～𩎟

56/鞎～𩎟

59/鞎～𩎟

69/斂～𩎟

78/鞎～𩎟

83/～𩎟

84/～𩎟

86/～𩎟

89/～𩎟

91/～𩎟

103/～𩎟

113/鞎～𩎟

𩏄

21/～毢

22/～韌

25/～韌

28/～毢

28/～韌

59/～毢

78/～毢

91/～毢

桀　部

乘(𪓐)

𪓐

1 正/右令建所乘～(乘)●大𨊠

4/宮廄令𢼸所馭～(乘)𨍭

42/軘紝吉●馭鄗君之一～(乘)鞋

47/黄●建馭墨～(乘)

63/哀●還馭命尹之一～(乘)䡇車

65/黄●豻馭鄎君之一～(乘)畋車

77/～(乘)

115/路車二～(乘)

116/二～(乘)路車

117/□三～(乘)路車

117/丌一～(乘)

118/路車三～(乘)

119/鄴君帑一～(乘)路車

119/鄴君一～(乘)

119/遊公三～(乘)路車

120/凡𨏥車十乘又二～(乘)

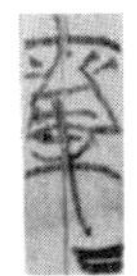
120/凡𨏥車十乘又二～(乘)

120/攻差坪造所行𨏥五～(乘)

120/遊車九～(乘)

121/大凡四十乘又三～(乘)

121/大凡四十乘又三～(乘)

122/～(乘)䡇

148/凡新官人之馬六～(乘)

159/凡大官之馬十～(乘)

160/朱夜宴以～(乘)復尹之畋車

161/石芫贛柰以～(乘)其畋車

162/以～(乘)魯贕公之陥車

165/～(乘)鼈駟

167/～(乘)馬駟

167/～(乘)輊

170/～(乘)皇

173/墨～(乘)乘

174/～(乘)馬之六馬

175/疋～(乘)之六馬

187/王幣一～(乘)路車

188/王幣一～(乘)路車

189/王幣一～(乘)路車

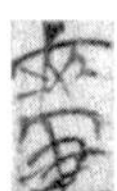
190/大子幣三～(乘)路車

190/其一～(乘)駟

190/其二～(乘)屯麗

191/坪夜君之幣路車二～(乘)

192/鄴君之幣路車一～(乘)

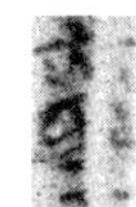
192(局部)/鄴君之幣路車一～(乘)

193/旜城君之路車三～(乘)

194/鄗君之路車三～(乘)

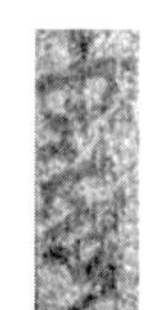
195/遊旜公之路車三～(乘)

195/凡幣路車九～(乘)

196/凡路車九～(乘)

197/一～(乘)幣車

203/一～(乘)幣車

204/畋車八～(乘)

205/～(乘)鞏人兩 與其車

206/～(乘)鞏人兩雌

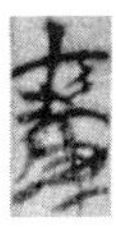

207/凡宮廄之馬與 十～(乘)

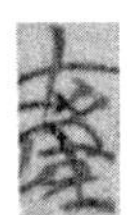

208/凡宮廄之馬所入長埱之中五～(乘)

209/車十～(乘)又五
“乘”之異體。

卷　六

木　部

杙

164/長腸人與～人之馬

169/～人之駟馬

214/～爲人

柘

39/～●　馭右襢殿

桐

212/～溪一夫

柏

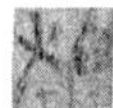

212/～溪二夫

某(某)

苿

143/～(某)束之黄爲右驌

146/～(某)束之少騂爲左驂

146/～(某)束之大騂爲右驌

151/～(某)束之譽爲左驌

175/～(某)束之騮爲右驂

朱

65/～旃

86/～毛之首

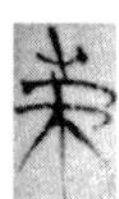

115/～旃

（）160/～夜寰以乘復尹之畋車

 180/～路

 181/～路

 182/～路

果

 14/三～

 17/二～

 20/三～

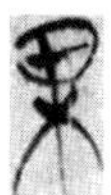 30/三～

 33/三～

 37/二～

 40/三～

 82/二～

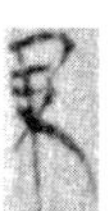 84/三～

 91/二～

 99/二～

 102/三～

 110/☒～

柤

 214/所躦石梁肆躦～新田之盟

櫝

 153/～騏爲右驂

棉

 38/黄●～馭右彤轎

 133/黄●～馭右褈轎

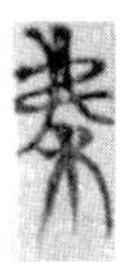 167/鄗～之騮爲左驂

樠

 73/南陵●連爩愇馭～轂

74/～●轂

120/一～轂

樂

176/～君之駐爲右驌

梁(沵)

沵

177/石～(梁)人駟馬

214/所贇石～(梁)肆贇租新田之㿿
"梁"之異體。

椊

77/畤～車

桴

207/入於此～官之中
趙平安(2006)釋爲"棍"。

東　部

東

12/郅連囂～臣所馭政車

林　部

楚

122/二真～甲

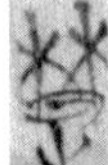
122/一真～甲

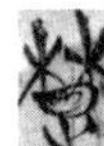
124/一真～甲

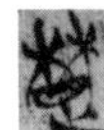
124/三真～甲

126/一～甲

127/三真～甲

130/一索～甲

130/一～甲

131 一～甲

136/一～甲

136/三真～甲

才　部

才

77/～褘圉
讀爲"載"。

之　部

之

1 正/大莫爨旟爲適豧～春八月庚申

2/豻殉～箙

2/貍貘～聶

2/二貍貘～聶

2/屯瓛組～綏

2/屯瓛組～綏

3/黄紡～綳

3/屯八翼～翻

3/屯一翼～蓸

3/豻首～霥

4/紫黄紡～纃

4/豻尾～稱

4/录魚～韔

5/屯貂鏌～聶

5/三襹貂與录魚～箙

5/狐白～聶

5/一襹貂與紫魚～箙

5/屯瓛組～綏

5/紫黄紡～綳

6/屯一翼～翻

6/屯八翼～翻

6/紫羊須～緦

6/紫翌～常

6/二黄金～戚

6/屯一翼～翻

7/紫黄紡～纃

7/豻首～霥

8/貂定～稱

8/紫組～綏

8/瓛組～綏

8/录魚～韔

 8/虓韔～聶

 8/三貂襮紫魚～箙

 9/貍韔～聶

 9/紫黃紡～綳

 9/屯一翼～習

 9/屯九翼～習

 9/白敔～首

 10/〔紫羊〕須～緄

 10/貂定～笁

 10/黃金～戠

 10/屯二翼～習

 10/貂韔～鍢

 10/紫黃紡～繄

 11/貂首～雺

 13/虓韔～聶

 13/一襮紫魚录魚～箙

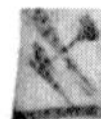 14/二襮貂與录魚～箙

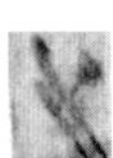 14/貍韔～聶

 14/一录魚～箙

 14/紫黃紡～綳

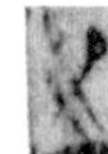 14/一翼～習

 14/屯八翼～習

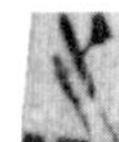 14/屯瓔組～綏

 15/屯一翼～習

 15/紫黃紡～繄

 15/貂首～雺

 16/一襮紫魚录魚～箙

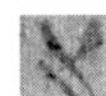 16/三豻殈～箙

 （ ） 17/紫黃紡～綳

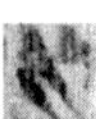 17/屯八翼～習

 17/屯一翼～習

 17/瓔組～綏

 18/紫黃紡～繄

 18/虓首～雺

 19/屯貍韔～聶

 19/屯襮紫魚录魚～箙

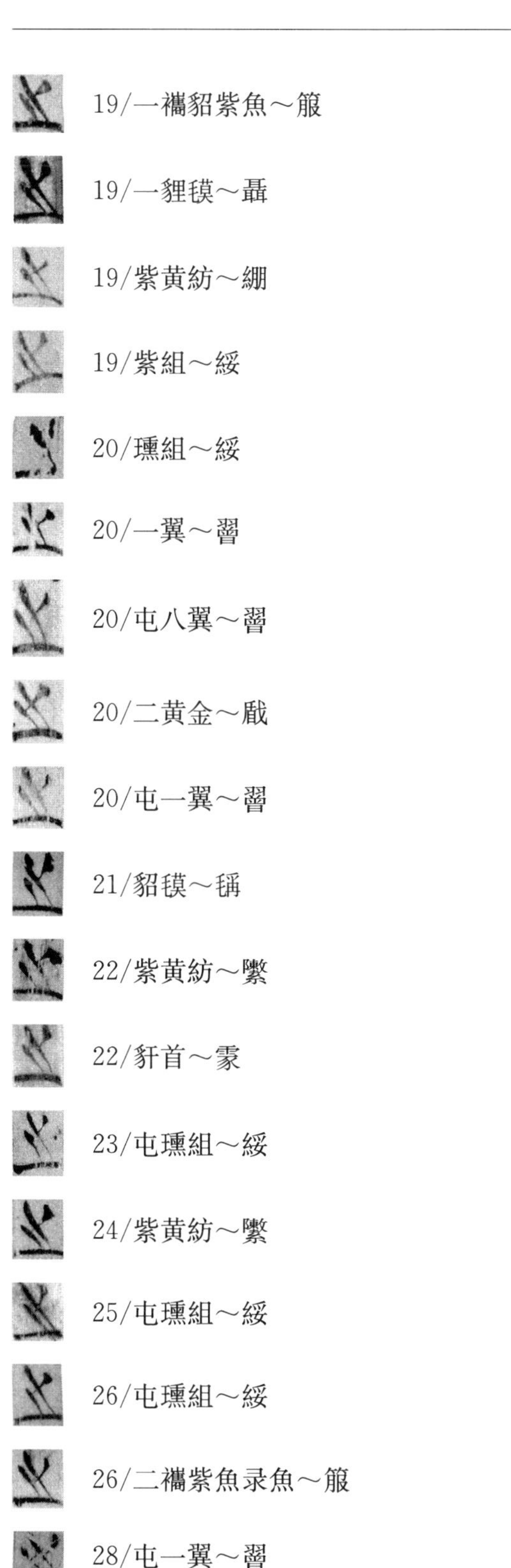

19/一襦貂紫魚～箙

19/一貍鏌～聶

19/紫黃紡～綳

19/紫組～綏

20/璑組～綏

20/一翼～翻

20/屯八翼～翻

20/二黃金～戠

20/屯一翼～翻

21/貂鏌～鏞

22/紫黃紡～纓

22/豻首～雺

23/屯璑組～綏

24/紫黃紡～纓

25/屯璑組～綏

26/屯璑組～綏

26/二襦紫魚录魚～箙

28/屯一翼～翻

28/紫黃紡～纓

28/虎首～雺

29/〔屯璑組〕有人～綏

29/屯虎鏌～聶

29/三襦紫魚录魚～箙

29/三貍鏌～聶

29/一录魚～聶

29/一襦貂與录魚～聶〈箙〉

29/屯狐白～聶

30/紫黃紡～綳

30/一翼～翻

30/屯八翼～翻

30/屯一翼～翻

30/紫黃紡～纓

31/～雺

31/哀●立馭左尹～隍

31/紫黃紡～綳

31/紫縉～綏

31/二畫扈～載

31/紫黃紡～

32/屯璑組～綏

32/屯虤韔~聶

32/三貍韔~聶

33/一紫魚~聶

33/紫黃紡~綳

33/一翼~翻

33/屯八翼~☐

34/屯一翼~翻

35/紫黃紡~繄

35/豻尾~鍒

36/璑組~綏

36/四襡貂與彔魚~箙

36/一狐白~聶

37/一翼~翻

37/屯一翼~翻

37/紫黃紡~綳

38/黃紡~繄

38/豻首~彖

39/璑組~綏

39/二狐白~聶

39/一襡紫魚與彔魚~箙

39/貍韔~聶

39/三豻殉~箙

40/屯一貍韔~聶

40/紫黃紡~綳

40/一翼~翻

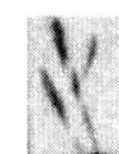

40/屯八翼~翻

40/屯一翼~翻

41/豻尾~鍒

41/紫黃紡~繄

42/黃金~玳

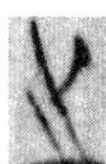

42/黃金~玳

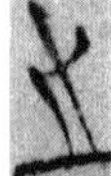

42/虤韔~聶

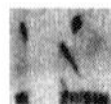

42/豻□~箙

42/二紫楡~箙

43/屯霝羿~翻

43/兩馬~轫甲

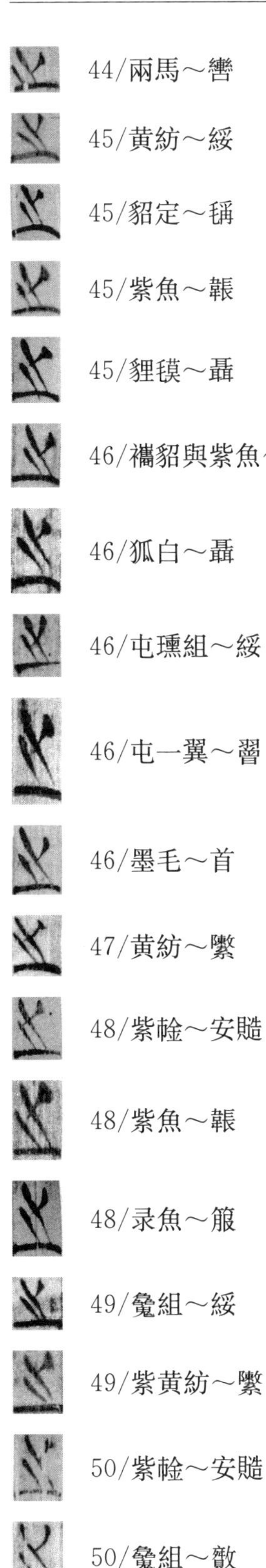

44/兩馬～轡

45/黄紡～綏

45/貂定～稱

45/紫魚～韔

45/貍貘～聶

46/襴貂與紫魚～箙

46/狐白～聶

46/屯纁組～綏

46/屯一翼～䎎

46/墨毛～首

47/黄紡～纓

48/紫輪～安韉

48/紫魚～韔

48/录魚～箙

49/龜組～綏

49/紫黄紡～纓

50/紫輪～安韉

50/龜組～轡

53/鄭●君～車

53/紫輪～襮

53/貂定～稱

53/反录～弦

53/紫輪～[illegible]

53/轉組～絓

53/龜組～綏

53/紫因～紫箙

54/紫輪～裏

54/屯貂定～稱

54/紫組～綏

54 齊紫～綳

54/戠組～絓

54/繇韋～席

55/齊紫～襮

55/屯二翼～䎎

55/襴貂與录魚～韔

55/紫輪～裏

55/紫魚～韔

55/黃紡～裏

55/貍𧴪～聶

56/𧜽貂與紫魚～箙

56/貍𧴪～聶

56/屯紫組～綏

56/紫黃紡～𦆽

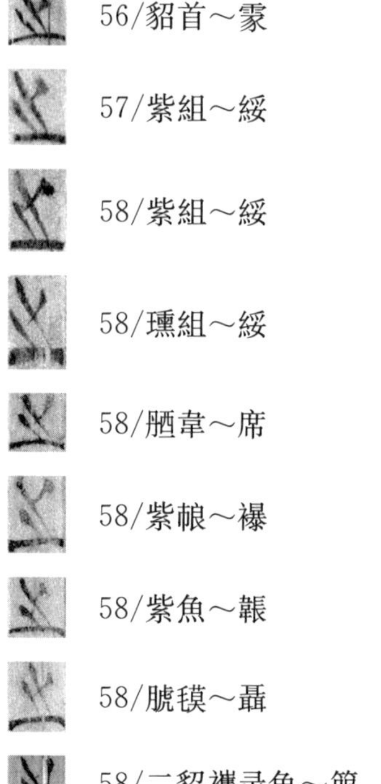

56/貂首～霥

57/紫組～綏

58/紫組～綏

58/瓓組～綏

58/䏑韋～席

58/紫䘲～襮

58/紫魚～韔

58/虓𧴪～聶

58/二貂𧜽录魚～箙

59/豻𧴪～聶

59/屯紫輪～裏

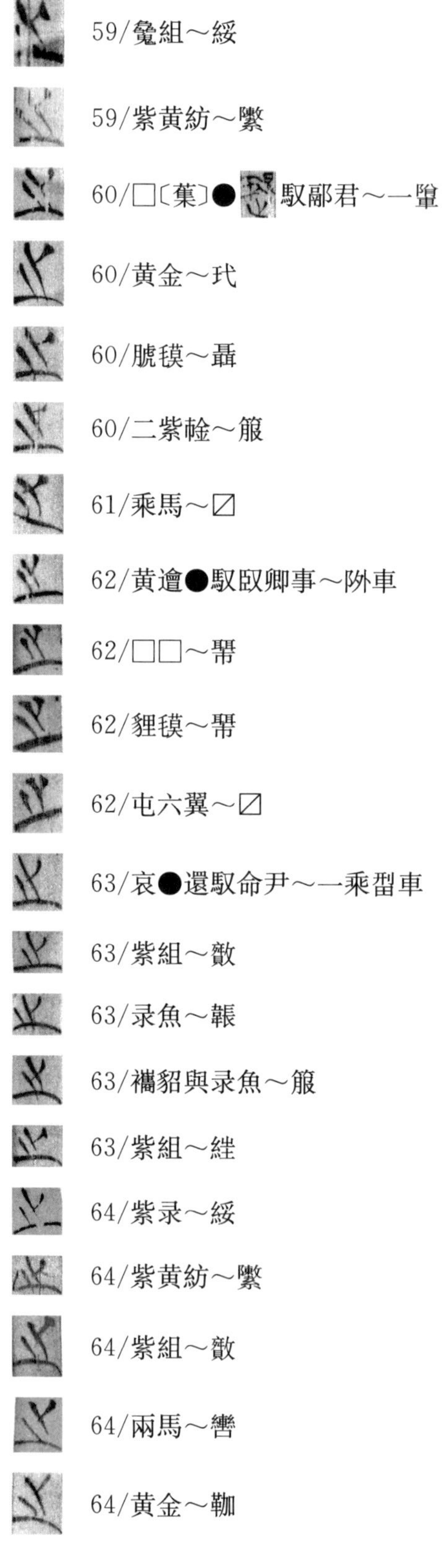

59/㝁組～綏

59/紫黃紡～𦆽

60/□〔䢜〕●馭鄗君～一𨋾

60/黃金～玳

60/虓𧴪～聶

60/二紫輪～箙

61/乘馬～□

62/黃𨖳●馭攸卿事～𨸏車

62/□□～䍐

62/貍𧴪～䍐

62/屯六翼～□

63/哀●還馭命尹～一乘𨋾車

63/紫組～𢿱

63/录魚～韔

63/𧜽貂與录魚～箙

63/紫組～綫

64/紫录～綏

64/紫黃紡～𦆽

64/紫組～𢿱

64/兩馬～轡

64/黃金～勒

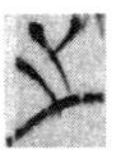 65/黃●豻馭鄍君～一乘畋車

 65/紫⿰車僉～軘

 65/紫纑～敾

 65/⿰月虎⿰毛莫～聶

 66/〔紫〕⿰車僉～启

 66/繅录～箙

 66/紫录～鞶

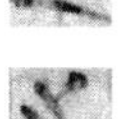 66/熅韋～⿰毛安

 66/紫纑～敾

 66/兩馬～革轡

 66/黃金～勒

 67/所馭●坪夜君～畋車

 67/紫⿰車僉～純

 67/龜組～敾

 67/⿰月虎⿰毛莫～聶

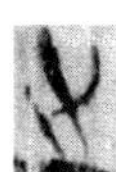 67/襴紫魚與豻～艆

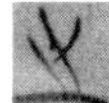 68/屯狐白～聶

 68/紫黃紡～綳

 68/一翼～翟

 68/屯八翼～翟

 68/白敌～首

 68/羊須～緫

 69/屯一翼～翟

 69/黃金～轄

 69/紫黃紡～鞶

 69/貂首～雺

 70/所馭●鄗尹～畋車

 （ ） 70/⿰月虎⿰毛莫～⿰毛甬

 70/襴貂與紫魚～艆

 70/貍⿰毛莫～聶

 71/貂⿰毛莫～⿰毛甬

 71/龜組～綏

 71/录魚～韔

 71/〔貂〕⿰毛莫～聶

 72/紫魚～艆

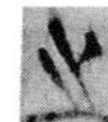 72/貍⿰毛莫～聶

72/屯璑組～綏

73/紫組～綏

73/反录～裏

73/貍韔～聶

73/纗貂與紫魚～□

74/录～韔

74/纗貂～箙

75/荆轓～輪

75/黽組～綏

75/紫組～綎

75/黽組～綏

76/齊紫～加

76/紫因～箙

76/屯璑組～綏

77/黃金～紵

78/录魚～韔

78/虎韔～聶

78/一纗貂與录魚～箙

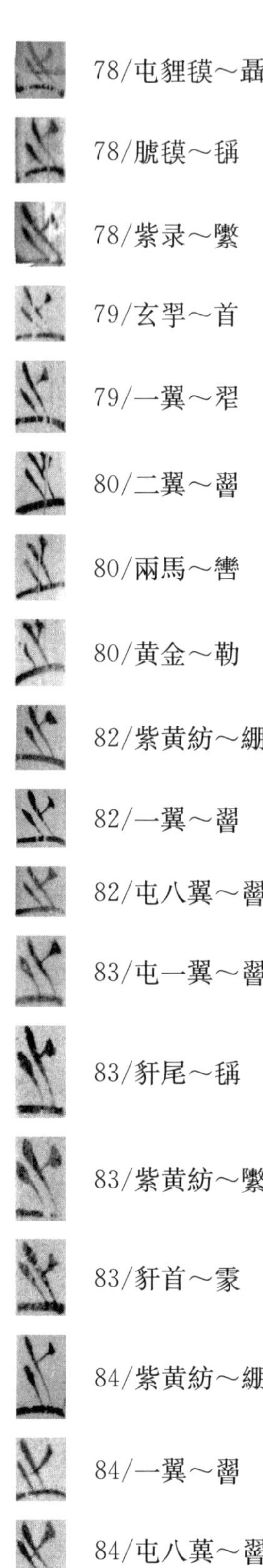

78/屯貍韔～聶

78/虎韔～稱

78/紫录～纍

79/玄羿～首

79/一翼～翟

80/二翼～翟

80/兩馬～轡

80/黃金～勒

82/紫黃紡～綳

82/一翼～翟

82/屯八翼～翟

83/屯一翼～翟

83/豻尾～稱

83/紫黃紡～纍

83/豻首～冡

84/紫黃紡～綳

84/一翼～翟

84/屯八翼～翟

84/屯一翼～䎃

85/黄紡～纞

86/一襛貂與录魚～箙

86/屯狐白～聶

86/朱毛～首

86/豻鞎～䩕

87/黄紡～纞

87/豻首～霥

88/紫組～絓

88/齊紫～緗

88/屯一翼～䎃

88/录魚～韔

88/一襛貂與录魚～聶

88/一豻鞎～聶

89/屯璽組～綏

89/貂定～頸

89/豻尾～䩕

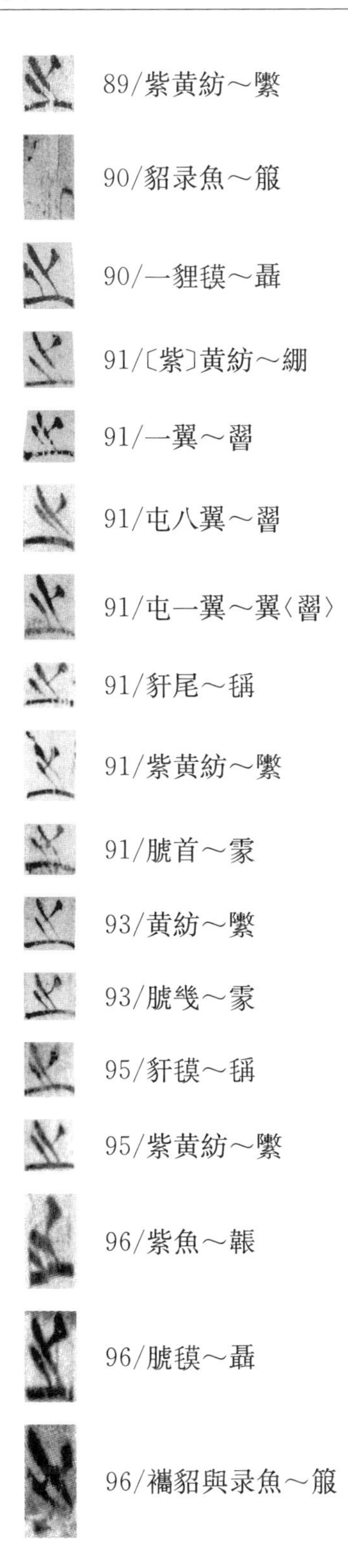

89/紫黄紡～纞

90/貂录魚～箙

90/一貍鞎～聶

91/〔紫〕黄紡～緗

91/一翼～䎃

91/屯八翼～䎃

91/屯一翼～翼〈䎃〉

91/豻尾～䩕

91/紫黄紡～纞

91/虓首～霥

93/黄紡～纞

93/虓㦸～霥

95/豻鞎～䩕

95/紫黄紡～纞

96/紫魚～韔

96/虓鞎～聶

96/襛貂與录魚～箙

96/狐白～聶

 96/紫組～〔綏〕

 97/毚組～綏

 97/屯一翼～翻

 97/紫黄紡～繄

 98/削紫录～鞅

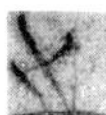 98/虓䡅～䋝

 98/兩馬～轡

 99/～綳

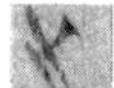 99/屯紫魚～聶

 99/屯虓䡅～聶

 99/二翼～翻

 100/屯六翼～翻

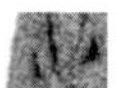 101/二虓首～戚

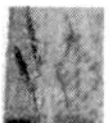 101/屯一翼～翻

 102/一虓䡅～聶

 102/一录魚～箙

 102/三豻殉～箙

 102/一狐白～聶

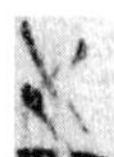 102/紫黄紡～綳

 102/一翼～翻

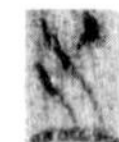 103/屯八翼～翻

 103/屯一翼～翻

 103/紫黄紡～繄

 103/虓首～☐

 104/紫組～綏

 104/屯一翼～翻

 104/录魚～韔

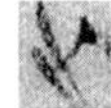 104/貍䡅～聶

 104/䙰貂與紫魚～箙

 104/屯貍䡅～聶

 105/璑組～綏

 106/齊紫～綳

 106/一翼～翻

 106/录翌～鉎

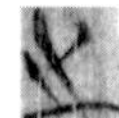 106/䙰貂與录魚～韔

 106/紫䋖～裹

 106/毚組～綏

106/录魚～韔

106/豻镆～聶

106/一襦貂與紫魚～箙

108/□镆～聶

109/□貂～箙

110/一翼～䎘

111/▨翼～䎘

112/繇韋～▨

113/豻镆～䤪

115/紫录～鑿

115/鼋組～斅

115/乘馬～辔

117/白金～弼

122/紫䘼～縢

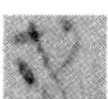
122/紫䘼～縢

122/乘馬～彤甲

122/屯玄組～縢

123/紫組～膹

123/紫組～縢

124/紫組～縢

124/紫縝～縢

124/黄紡～膹

125/枇䘼～縢

125/黄紡～縢

125/紫繶～縢

125/紫市～縢

126/黄紡～縢

126/吴組～縢

126/吴組～縢

126/紫組～縢

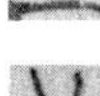
127/紫市～縢

127/黄紡～膹

127/吴組～縢

128/黄紡～縢

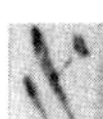
128/吴組～縢

128/紫組～縢

128/黄紡～縢

129/吴組～縢

129/紫組～縢

129/吴組～縢

129/紫市～縢

129/黄紡～縢

130/紫市～縢

130 紫市～縢

130/紫市～縢

130/紫䩛～縢

131/吴組～縢

131/墨紡～縢組

131/玄市～縢

132/黄紡～縢

133/紫繣～縢

133/紫市～縢

134/纁組～縢

135/黄紡～縢

136/紫市～縢

136/紫組～縢

136/紫市～縢

136/紫市～縢

137/屯紫組～䐧

137/𪏆市～䐧

137/乘馬黄金～貴

137/紫欧～縢

138/紫組～縢

138/紫組～縢

138/乘馬黄金～貴

139/黄紡～縢

141/所造三十四～甲

141/大凡八十馬甲又六馬～甲

142/莆～  爲左驂

142/卿事～騮爲左驌

142/蔡齮～騍爲右驌

142/鄦君～騏爲右驂

142/新官～駟馬

143/獵耴～黄爲左驂

143/莆～黄爲左驌

143/某束～黄爲右驌

143/王衵～黄爲右驂

143/宫廄～新官駟

144/鄗君～騮爲左驌

144/右尹～騮爲右驂
144/新官人～駟馬
145/右尹～白爲左驂
145/大让尹～黄爲左騑
145/大攻尹～騮爲右騑
145/鄱牧～騏爲右驂
145/新官人～駟馬
146/某束～少騙爲左驂
146/牢令～黄爲左騑
146/某束～大騙爲右騑
146/新官人～駟馬
147/鄱牧～騍爲左驂
147/高鄱～騮爲左騑
147/大首～子騂馬爲右騑
147/鄱牧～騍爲右驂
147/新官人～駟馬
148/凡新官人～馬六乘
149/鄗尹～騮爲左〔驂〕
149/□莫～騮爲左騑
149/鄗君～黄爲右驂
149/大官～駟馬
150/右阩徒～騏爲左驂
150/鄗君～騮爲左騑
150/右司馬～騮爲右騑
150/新造尹～騍爲右驂
150/大官～駟馬
151/某束～驪爲左騑
151/畋尹～騮爲右騑
151/鄭成～騮爲右驂
151/大官～駟馬
152/大攻尹～騮爲左驂
152/中罾尹～黄爲左騑
152/左阩徒～黄爲右騑
152/㦸尹～臧騮爲右驂
152/大官～駟馬
153/𨛶馬尹～騮爲左驂
153/鄗君～騮爲左騑
153/鄗君～騮爲右騑
153/大官～駟馬
154/右尹～白爲左驂
154/右尹～騏爲左騑
154/宰尹臣～騏爲右騑
154/右尹～騮爲右驂
154/大官～駟馬
155/笠斬～驪爲左驂

155/辻史啟～鬐爲左驌

155/宰尹臣～黄爲右驌

155/辟～騮爲右驂

155/大官～駟馬

156/王孫生□～騏爲左驂

156/中城子～騮爲左驌

156/辻史伐～騏爲右驌

156/憍㐭尹～黄爲右驂

156/大官～駟馬

157/羸尹郻～鬐爲左驂

157/羸尹郻～黄爲右驌

157/濬～騮爲右驂

157/大官～駟馬

158/趄定～騏爲左驂

158/鄗君～騮爲左驌

158/䞒尹～騏爲右驌

158/䞒尹～騮爲右驂

158/大官～駟馬

159/凡大官～馬十乘

160/坪夜君～兩騮駐

160/朱夜宴以乘復尹～畋車

161/坪夜君～兩騮駐

162/復尹～一騏一黄

162/以乘魯䞒公～陥車

163/旛城君～騮爲左驌

163/鄴君～騮駐爲右驌

163/鄗君～陥車

164/鄱牧～生駁爲左驌

164/黝夫～生駁爲右驌

164/長腸人與杙人～馬

165/賵㐭坪～駥爲左驂

165/䞒尹～駥爲右驌

166/高趄～騜爲左驂

166/旛城君～騂爲左驌

166/長腸人～駟馬

167/郙梻～騮爲左驂

167/高鄱～騮爲右驂

168/縣子～騮爲左驂

169/黝夫～騍爲右驌

169/左司馬～騮爲右驂

169/杙人～駟馬

170/高都～爲左驂

170/黷夫～譽爲左驌

170/蛪君子～譽爲右驌

170/軝甫子～譽爲右驂

171/軝甫～騮爲左驂

171/㦰尹～兩騮爲驌

171/宋客～騮爲又飛

171/新官人～六馬

172/殤褑～譽爲左飛

172/獴～譽爲左驂

172/卿事～譽爲左驌

172/鄵君～譽爲右驌

172/建巨～子爲右驂

172/獴～譽爲右飛

173/郙鄗～騂爲左飛

173/鄵君～騂爲左驌

173/憍～子爲右驌

173/宋司城～騂爲右驂

173/大首～子騂爲右飛

173/新造人～六馬

174/黷夫～譽爲左驌

174/司馬～白爲右飛

174/乘馬～六馬

175/宮廄尹～騮爲左飛

175/大宰～騮爲左驂

175/大首～子爲右驌

175/某束～騮爲右驂

175/疋乘～六馬

176/宋司城～黚爲左驂

176/哀臣～黚爲左驌

176/樂君～黚爲右驌

176/左尹～黚爲右驂

176/西郙～黚爲右飛

176/人～六馬

177/～騏爲左驂

177/少帀～駴爲左驌

177/司馬～譽爲右驌

177/少帀～騮爲右驂

178/黷夫～駴爲左驂

178/辟～譽爲左驌

178/賓公～駴爲右驌

179/鄱牧～参匹駒騮

180/鄱牧～騮爲左驌

180/賓公～黄爲右驌

181/牧人～騏爲左驌

181/牧人～騮爲右驌

182/賓公～駴爲左驌

183/賓公～驈爲左驌

183/賓公～黄爲右驌

184/牧人～兩黄

185/鄴君～驈

185/攻尹～騮

191/坪夜君～幣路車二乘

192/鄴君～幣路車一乘

192/鄴君～幣路車一乘

193/旗城君～路車三乘

194/鄗君～路車三乘

195/遊旗公～路車三乘

197/鄗君～韗車

198/贇旗公～一幣陥車

199/卿事～陥車

200/□～陥車

201/鄍君～幣敏車

202/命尹～幣畋車

203/鄴君～圓軒

207/凡宮廏～馬與[illegible]十乘

207/入於此桴官～中

208/凡宮廏～馬所入長坛之中五乘

208/凡宮廏之馬所入長坛～中五乘

214/所瓚石梁諱瓚柤新田～盟

簽 1/皇軒～馬甲

簽 2/皇軒～馬甲

簽 3/皇軒～馬甲

帀　部

帀

137/蠦～(師)之賸

177/少～(師)之駴爲左驌

177/少～(師)之騮爲右驂

210/少～(師)兩馬

讀爲“師”。

朩　部

索

122/～

124/～

124/～

124/～

129/～

130/匹馬～甲

130/一～楚甲

南

73/～陵●連囂愇馭椯轂

生　部

生

156/王孫～□之騏爲左驂

164/鄱牧之～駁爲左驌

164/黝夫之～駁爲右驌

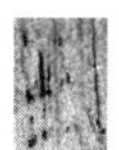
212/佣所～

桼　部

桼

67/新官韅～

161/石芫贛～以乘其畋車

囗　部

囩

4/～軒

7/～軒

45/～軒

53/～軒

120/～軒

120/～軒

圓

203/鄴君之～軒

國

174/沱～爲左飛

因

53/紫～之紫箙

76/紫～之箙

貝 部

貝

80/鞎～

賸

123/紫組之～

124/黄紡之～

127/黄紡之～

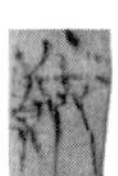
137/屯紫組之～

137/㯱帀之～

138/纆～

贏

157/～尹郹之譽爲左驂

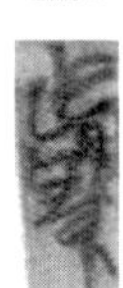
157/～尹郹之黄爲右驌

貧

39/～鞄

39/～鞑

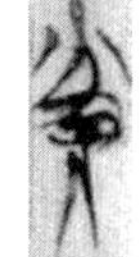
45/～䵹

45/～鞄

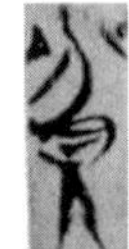
45/～扂

54/～䵹

54/～鞄

54/～扂

71/～鞄

72/～鞑

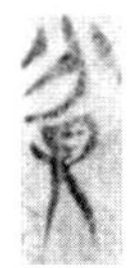
86/～軧

97/～軧

104/～軧

貴

124/乘馬黄金～

137/乘馬黄金之～

138/乘馬黄金之～

盼

178/～(賓)公之驌爲右驌

180/～(賓)公之黄爲右驌

182/～(賓)公之驌爲左驌

183/～(賓)公之驕爲左驌

183/～(賓)公之黄爲右驌
讀爲“賓”。

賈

16/黄●～所馭左軿

125/黄●～馭左旆

贅

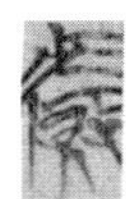
158/～尹之騏爲右驌

158/～尹之騮爲右驂

165/～尹之騼爲右驌

贗

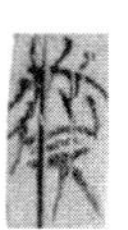
198/～旟公之一帑阩車
據郭理遠(2021),施謝捷《隨縣曾侯乙墓釋文》(未刊稿)將此字括注“旅—魯”。是將“贗”讀爲“魯”。

邑　部

鄭

151/～成之騮爲右驂

165/～騼爲右驂

176/～襢白爲左飛

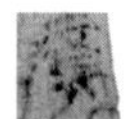
211/～成一馬

郠

65/黄●豻馭～君之一乘畋車

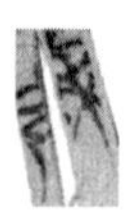
201/～君之帑敏車

邡

173/～鄗之騂爲左飛

176/西～之駐爲右飛

郅

12/～連爨東臣所馭政車

郘

214/凡莫、～

郙

70/所馭●～尹之畋車

郻

157/贏尹～之譽爲左驂

157/贏尹～之黄爲右驌

墎

153/～馬尹之騮爲左驂

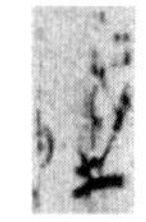
210/～司馬一馬

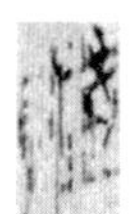
210/～尹一馬

郪

3/二～(秦)弓

5/二～(秦)弓

9/二～(秦)弓

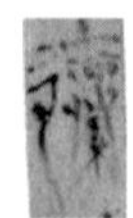
15/二～(秦)弓

16/二～(秦)弓

20/二～(秦)弓

29/二～(秦)弓

33/二～(秦)弓

37/二～(秦)弓

40/二～(秦)弓

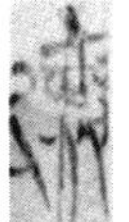
43/一～(秦)弓

46/一～(秦)弓

48/一～(秦)弓

56/一～(秦)弓

60/一～(秦)弓

65/一～(秦)弓

68/二～(秦)弓

70/一～(秦)弓

72/一～(秦)弓

86/一～(秦)弓

90/二～(秦)弓

97/一～(秦)弓

107/～(秦)弓
"秦"之異體。

鄗

42/軘紝吉●馭～君之一乘軖

60/□〔蒦〕●馭～君之一輩

144/～君之騮爲左驌

149/～尹之騮爲左〔驂〕

149/～君之黄爲右驂

150/～君之騮爲左驌

153/～君之騮爲左驌

153/～君之騮爲右驌

158/～君之騮爲左驌

163/～君之陏車

173/邡～之騂爲左飛

194/～君之路車三乘

197/～君之輊車

119/～君帑一乘路車

119/～君一乘

157/～騮爲左驌

192/～君之帑路車一乘

都

145/～牧之騏爲右驂

147/～牧之騍爲左驂

147/高～之騮爲左驌

147/～牧之騍爲右驂

164/～牧之生駁爲左驌

167/高～之騮爲右驂

170/高～之爲左驂

179/～牧之參匹駒騮

180/～牧之騮爲左驌

182/～牧之黄爲右驌

郰

213/～二夫

鄟

53/～●君之車

142/～君之騏爲右驂

163/～君之騮駐爲右騙

172/～君之譻爲右騙

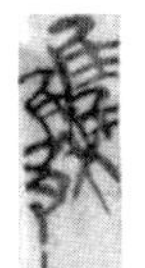
173/～君之騁爲左騙

185/～君之驕

203/～君之圓軒

32/～●鬶馭左彤

130/～鬶●馭左彤殿

隍

26/黄●痰所馭～軒

鄱

26/～輪

28/～輪

45/～輪

47/～輪

48/～輪

50/～輪

53/～輪

57/～輪

71/～輪

73/～輪

鄭

54/～（齊）紫之綳

54/～（齊）

76/～（齊）紫之加

88/～（齊）紫之綳

（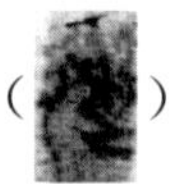）

106/～（齊）紫之綳

“齊”之異體。

鄰

142/～（蔡）齮之騍爲右驌

“蔡”之異體。

㽞　部

巷（郷）

郷

167/～（巷）㤶之騮爲左驂

“巷”之異體。

卷　七

日　部

晉

14/一～校

17/一～校

30/一～校

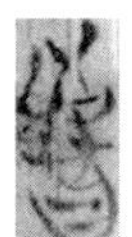
33/一～校

68/一～校

70/～筒

84/一～校

91/一～校

110/一～校

165/～旟駁爲左驌

㫃　部

旗(旃)

旃

3/～造

6/其～

15/～造

17/～造

20/其～造

 30/～造

 40/～造

 80/～造

 82/～造

 84/～造

 87/～造

 91/～造

 100/～造

 103/～造

 111/～☐

旆

 1 反/右令建馭大～

 3/二～

 6/二～

 9/二～

 14/二～

 17 二～

 20/二～

 30/二～

 33/二～

 37/二～

 40/二～

 42/二～

 61/一～

 62/二～

68/二～

82/二～

84/二～

91/二～

100/～

102/二～

125/黄●圊馭左～

127/哀●裛馭左禮～

131/黄夏●馭右～

142/大～

旌(旍)

旍

65/朱～(旌)
“旌”之異體。

旂

68/一貂～

旃

46/皃～

72/紫～

79/紫～

86/皃～

89/皃～

115/朱～

旝

213/～一夫

旞

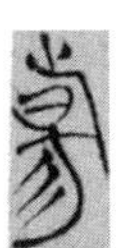
1 正/大莫囂～爲適豧之春八月庚申

119/～城君三路車

162/以乘魯～公之陏車

163/～城君之騮爲左驌

165/晉～駁爲左驌

166/～城君之騂爲左驌

193/～城君之路車三乘

195/遊～公之路車三乘

198/贕～公之一帬陏車
李學勤(2004)讀爲"陽"。

旞

11/～烒

晶 部

晶

122/～(參)真吳甲

129/～(參)噕紉甲

179/鄗牧之～(參)匹駒騮
讀爲"參"。

月 部

月

1 正/大莫囂旟爲適豧之春八～庚申

夕 部

夜

67/所馭●坪～君之畋車

123/一革～□

160/坪～君之兩騮駝

（） 160/朱～寏以乘復尹之畋車

161/坪～君之兩騮駝

191/坪～君之帬路車二乘

212/□～二夫

外

142/～新官之駟馬

克　部

克

45/黄～●馭輲車

录　部

录

2/襡紫魚與～魚

2/～魚

4/～魚之韔

5/三襡貂與～魚之箙

8/～魚之韔

13/一襡紫魚～魚之箙

14/二襡貂與～魚之箙

14/一～魚之箙

16/屯～魚聶

16/一襡紫魚～魚之箙

19/屯襡紫魚～魚之箙

26/二襡紫魚～魚之箙

26/一襡貂～

29/三襡紫魚～魚之箙

29/一～魚之聶

29/一襡貂與～魚之聶〈箙〉

36/四襡貂與～魚之箙

39/一襡紫魚與～魚之箙

45/～裹

45/～裹

48/～裹

48/～魚之箙

53/〔～〕裏

53/反～之弦

53/〔～〕裡

55/黼貂與～魚之䩡

58/二貂黼～魚之箙

63/～魚之韔

63/黼貂與～魚之箙

64/紫～之綏

66/綠～之箇

66/紫～之繄

71/～裏

71/～魚之韔

73/反～之裏

74/～之韔

76/～裏

76/～裏

78/～魚之韔

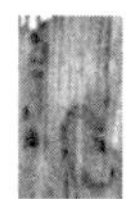
78/〔～〕裏

78/一黼貂與～魚之箙

78/紫～之繄

85/～裏

86/一黼貂與～魚之箙

88/～魚之韔

88/一黼貂與～魚之聶

90/☐貂～魚之箙

96/～裹

96/襹貂與～魚之箙

98/削紫～之鞅

99/襹貂與～魚

102/一～魚之箙

104/～魚之韔

106/～翠之銈

106/襹貂與～魚之韔

106/～魚之韔

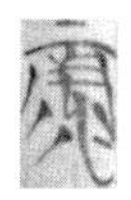
115/紫～之鞶

禾 部

秖

174/～黑爲右驂

秝 部

兼

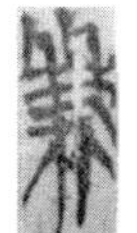
11/～
或可讀爲“鎌”。

宀 部

定

8/貂～之稱

10/貂～之箵

22/裘●～所馭左殿

45/貂～之稱

53/貂～之稱

54/屯貂～之稱

89/貂～之頸

127/裘～●馭左殿

158/趄～之騏爲左驂

安

 48/宫●廄尹馭～車

 48/紫輪之～

 50/新●～車

 50/紫輪之～

 164/舊～車

 165/～車

宰

 154/～尹臣之騏爲右驌

 155/～尹臣之黄爲右驌

 175/大～之騮爲左驂

 210/七大夫所幣大～匹馬

客

 171/宋～之騮爲又飛

宋

 171/～客之騮爲又飛

 173/～司城之騂爲右驂

 176/～司城之駐爲左驂

寢

 70/哀～

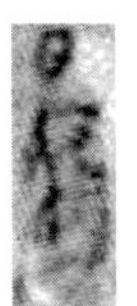 160/朱夜～以乘復尹之畋車

宫　部

宫

 4～廄令犂所馭乘韙

 48～●廄尹馭安車

 143/～廄之新官駟

 175/～廄尹之騮爲左飛

 207/凡～廄之馬與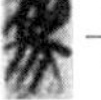十乘

 208/凡～廏之馬所入長坛之中五乘

 210/～廏尹一馬

疒　部

瘻

 71/ 尹●～馭畋車

痰

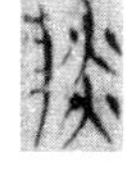 26/黄●～所馭㲦軒

 128/黄～●馭㲦軒

冃　部

冑(⿱由韋)

⿱由韋

 1 正/～(冑)趄執事人書入車

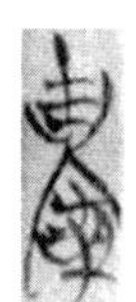 43/～(冑)

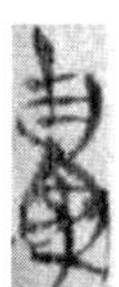 43/～(冑)

 61/～(冑)

 122/～(冑)

 122/～(冑)

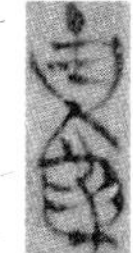 122/～(冑)

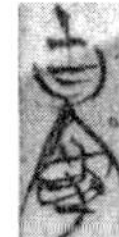 123/～(冑)

 123/～(冑)

 124/㐌～(冑)

 124/㐌～(冑)

 124/～(冑)

 125/～(冑)

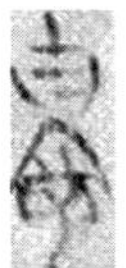 125/～(冑)

 125/～(胄)

 125/～(胄)

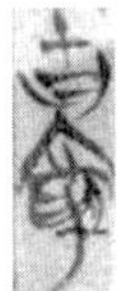 126/～(胄)

 126/～(胄)

 126/～(胄)

 126/～(胄)

 127/～(胄)

 127/～(胄)

 127/～(胄)

 128/～(胄)

 128/㐌～(胄)

 128/～(胄)

 128/～(胄)

 129/～(胄)

 129/～(胄)

 129/～(胄)

 130/～(胄)

 130/～(胄)

 130/～(胄)

 130/～(胄)

 131/～(胄)

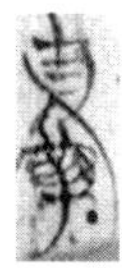
131/翠～(冑)

132/～(冑)

133/～(冑)

133/～(冑)

135/～(冑)

135/～(冑)

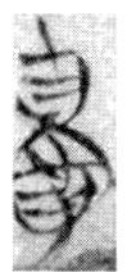
136/⿱厶乙～(冑)

136/～(冑)

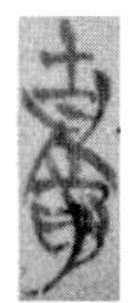
136/～(冑)

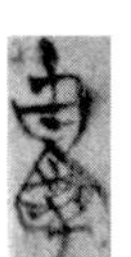
137/～(冑)

137/～(冑)

137/～(冑)

138/～(冑)

138/～(冑)

138/～(冑)

139/～(冑)
"冑"之異體。

㒳 部

兩

43/～馬之勬甲

43/～馬之轡

64/～馬之轡

66/～馬之革轡

 80/～馬之轡

 98/～馬之轡

 160/坪夜君之～騮駜

 161/坪夜君之～騮駜

 171/裁尹之～騮爲驌

 184/牧人之～黄

 188/麗～騮

 200/麗～騮

 201/麗～黄

 202/麗～罵

 205/乘輂人～與其車

 206/乘輂人～雌

 210/□□所驚□□□～馬

 210/司馬～馬

 210/□尹～馬

 210/右尹～馬

 210/大尹～馬

 210/少帀～馬

网　部

𦌾

 95/紫～

巾　部

帶(𢄔)

𢄔

 138/～

“帶”之異體。

常

 6/紫翌之～

 53/紤～

 69/絣～

123/一～

席(箇)

箇

6/紫～(席)

8/紫～(席)

18/紫～(席)

45/紫～(席)

53/紫因之～(席)

54/繇韋之～(席)

58/𦞦韋之～(席)

63/紫～(席)

66/繅录之～

70/晉～

71/紫～(席)

73/紫～(席)

75/紫～(席)

76/紫因之～(席)

88/紫～(席)

96/～(席)

104/紫～(席)

116/劃～(席)
“席”之異體。

市　部

市

125/紫～之縢

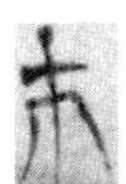
127/紫～之縢

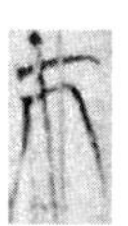 129/紫～之縢

 130/紫～之縢

 130/紫～之縢

 130/紫～之縢

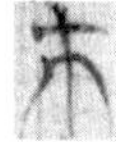 131/玄～之縢

 133/紫～之縢

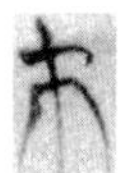 136/紫～之縢

 136/紫～之縢

 136/紫～之縢

杧

 170/～甫子之騽爲右驂

 171/～甫之騮爲左驂

羅小華認爲此字右旁疑從"望"。

㭓

 122/紫～之縢

 122/紫～之縢

 124/杫～之縢

 130/紫～之縢

杶

 65/紫𣐼之～

柘

 123/～縢

杫

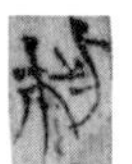 124/～㭓之縢

㡀

 119/鄴君～一乘路車

 187/王～一乘路車

 188/王～一乘路車

 189/王～一乘路車

 190/大子～三乘路車

191/坪夜君之～路車二乘

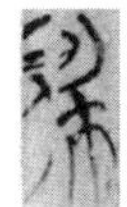
192/鄴君之～路車一乘

195/凡～路車九乘

197/一乘～車

198/䝿旞公之一～陥車

201/鄍君之～敏車

202/命尹之～畋車

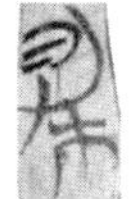
203/一乘～車

204/凡～車
何琳儀(1998)釋從昉市聲,讀爲"賻"。

椆

43/～造

61/～韙

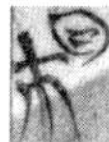
123/～造

124/～造

124/～造

124/～造

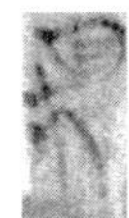
125/～造

125/～造

125/～造

126/～造

126/～造

127/～造

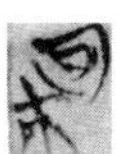
127/～造

128/～造

128/～造

129/～造

129/～造

129/～造

130/～造

130/～造

130/～造

131/～造

133/～造

134/～造

135/～造

136/～造

136/～造

桹

58/紫～之襮

棯

42/二紫～之箙

48/紫～之安

50/紫～之安

53/紫～之襮

53/紫～之䩾

54/紫～之裏

55/紫～之裏

59/屯紫～之裏

60/二紫～之箙

65/紫～之帄

66/～之眉

67/紫～之純

70/～扂

78/～裏

86/～裏

88/紫～裏

106/紫～之裏
讀爲“錦”。

韓

122/～造

122/～造

137/～造

137/畫～

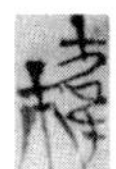
138/～造

138/～造

轉

53/～組之緌

𦊓

62/□□之～

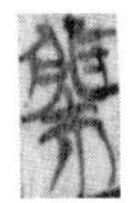
62/貍𣯶之～

䄻

4/紡～(襮)

8/紡～(襮)

45/紡～(襮)

53/紫䋮之～(襮)

55/紫之～(襮)

58/紫裉之～(襮)
讀爲“襮”。

𩍑

210/所～□□□兩馬

210/七大夫所～大宰匹馬

白　部

白

 5/狐～之聶

 9/～敌之首

 29/屯狐～之聶

 36/一狐～之聶

 39/二狐～之聶

 46/狐～之聶

 68/屯狐～之聶

 68/～敌之首

 81/乘馬韇～羿

 86/屯狐～之聶

 96/狐～之聶

 102/一狐～之聶

 117/～金之弼

 145/右尹之～爲左驂

 154/右尹之～爲左驂

 174/司馬之～爲右飛

 176/鄭襢～爲左飛

卷　八

人　部

人

1 正/胄超執事～書入車

144/新官～之駟馬

145/新官～之駟馬

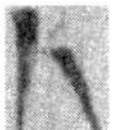
146/新官～之駟馬

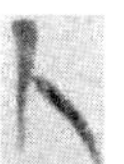
147/新官～之駟馬

164/長腸～與杙人之馬

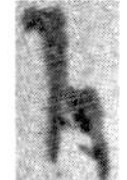
164/長腸人與杙～之馬

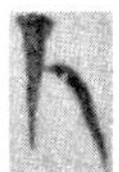
166/長腸～之駟馬

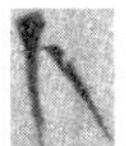
169/杙～之駟馬

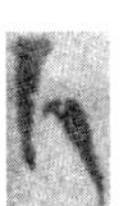
171/新官～之六馬

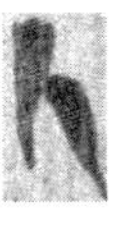
172/弄～六馬

173/新造～之六馬

176/～之六馬

177/石梁～駟馬

181/牧～之騏爲左驌

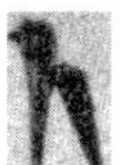
181/牧～之騮爲右驌

184/牧～之兩黄

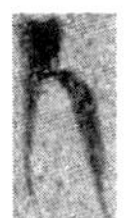
205/乘鞏～兩與其車

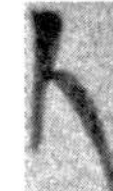
206/乘鞏～兩雌

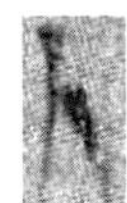
212/迿二～

212/璑一～

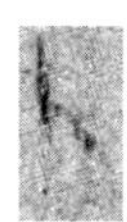
214/杙爲～

僮

75/黄●馭王～車

120/一王～車

177/王～車

備

137/～甲

依

146/～騏爲右驂

伐

156/辻史～之騏爲右驌

佣

212/～所生

匕　部

真

61/二～吴甲

122/二～楚甲

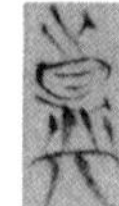
122/一～楚甲

122/參～吴甲

123/一～吴甲

124/一～楚甲

124/一～吴甲

124/三～楚甲

125/二～吴甲

127/三～楚甲

127/三～吴甲

136/三～楚甲

138/一～吴甲

138/一～吴甲

140/所造十～又五真

140/所造十真又五～

140/大凡六十～又四真

140/大凡六十真又四～

匕 部

㐌

124/～胄

124/～胄

128/～胄

136/～胄
田河(2007)認爲是“尨”的省寫。

北 部

北

144/～坪爲右驌

㐺 部

聚

58/七～環

衣 部

裏

4/紫～

45/紫～

45/录～

45/录～

48/录～

53/〔录〕～

54/紫軨之～

55/紫軨之～

 55/黄紡之～

 55/紫～

 56/紫～

 59/屯紫輪之～

 65/紫～

 67/紫～

 70/紫～

 71/紫～

 71/录～

 73/反录之～

 76/录～

 76/录～

 78/录～

 78/輪～

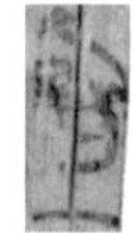 78/〔录〕～

 85/录～

 86/輪～

 88/紫～

 88/紫輪～

 89/屯紫～

 96/录～

 106/紫輪之～

裹

 117/載紉～

衦

 123/一革～

裛

25/哀●～所馭左襢轔

127/哀●～馭左襢旆

衵

143/王～之黄爲右驂

裪

123/一氏～

137/一氏～

褑

172/殤～之譽爲左飛

襢

25/哀●裛所馭左～轔

39/柘●　馭右～殿

48/～軒

127/哀●裛馭左～旆

133/黄●柫馭右～轔

136/右～殿

176/鄭～白爲左飛

襛

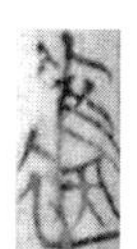
2/～紫魚與录魚

2/其一～紫黄紡之綳

5/三～貂與录魚之箙

5/一～貂與紫魚之箙

5/一～載扈

8/三貂～紫魚之箙

9/一～載扈

 13/一～紫魚录魚之韔

 13/二～貂

 14/二～軷扈

 16/一～紫魚录魚之韔

 17/二～軷扈

 19/屯～紫魚录魚之韔

 19/一～貂紫魚之韔

 19/二～軷扈

 23/二～紫

 25/二～紫

 26/二～紫魚录魚之韔

 26/一～貂录

 29/三～紫魚录魚之韔

 29/一～貂與录魚之聶〈韔〉

 30/一～軷扈

 31/二～弁扈

 32/屯～豻與貍

 33/二～軷扈

 36/四～貂與录魚之韔

 39/一～紫魚與录魚之韔

 40/二～軷扈

 45/～貂與紫魚之韔

 55/～貂與录魚之韔

 55/～貂與紫魚之韔

58/二貂～录魚之䑨

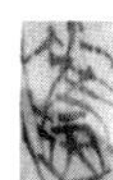
63/～聶

63/～貂與录魚之䑨

63/一～聶

67/～紫魚與豻之䑨

68/一～載扈

70/～貂與紫魚之䑨

71/～貂與紫魚之䑨

73/～貂與紫魚之☒

74/～貂之䑨

78/一～貂與录魚之䑨

82/～載扈

84/二～載扈

86/一～貂與录魚之䑨

88/一～貂與录魚之聶

96/～貂與录魚之䑨

99/～貂與紫魚

99/～貂與录魚

102/二～載扈

104/～貂與紫魚之䑨

106/～貂與录魚之䩊

106/一～貂與紫魚之䑨

108/四～紫魚□☒

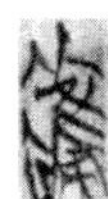
129/～繏

裘部

裘

22/～●定所馭左殿

127/～定●馭左殿

167/豹～爲左驌

毛部

毛

46/墨～之首

86/朱～之首

毬

9/白～之首

68/白～之首

毯

4/鰊～

10/牐～

21/轡～

28/轡～

30/鰊～

35/繇～

41/鰊～

43/削繇～

46/鰊～

49/鰊～

56/繇～

59/轡～

61/繇～

66/煴韋之～

72/繇～

78/⿰革繇～

86/繇～

89/繇～

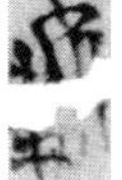
91/⿰革繇～

95/繇～

97/繇～

113/繇～
可讀爲“鞍”。

⿰毛晏

98/熅～

⿰毛再

4/豻尾之～

4/貂～

8/貂定之～

10/貂⿰毛莫之～

21/貂⿰毛莫之～

28/𢇍～

30/豻～

35/豻尾之～

41/豻尾之～

43/豻～

45/貂定之～

48/貂～

49/鼠□～

50/貂～

50/豻～

53/貂定之～

 54/屯貂定之～

 56/貂～

 58/屯貂～

 59/貂～

 61/豻～

 64/□□□～

 66/豻～

 69/貂～

 70/貂～

 70/虓 貘之～

 71/貂 貘之～

 72/豻〔～〕

 78/虓 貘之～

 80/齹～

 83/豻尾之～

 86/豻 貘之～

 88/～

 89/豻尾之～

 91/豻尾之～

 95/豻 貘之～

 97/豻～

 98/虓 貘之～

 104/～

 113/豻 貘之～

115/鑿～

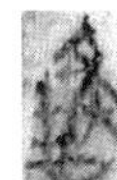
115/鑿～

镆

5/屯貂～之聶

8/虓～之聶

9/貍～之聶

10/貂～之铒

13/虓～之聶

14/貍～之聶

19/屯貍～之聶

19/一貍～之聶

21/貂～之铒

29/屯虓～之聶

29/三貍～之聶

32/屯虓～之聶

32/三貍～之聶

39/貍～之聶

40/屯一貍～之聶

42/虓～之聶

45/貍～之聶

55/貍～之聶

56/貍～之聶

58/彪～之聶

59/豻～之聶

60/彪～之聶

62/貍～之聑

65/彪～之聶

65/～聶

67/彪～之聶

70/彪～之䎽

70/貍～之聶

71/貂～之䎽

71/〔貂〕～之聶

72/貍～之聶

78/彪～之聶

78/屯貍～之聶

78/彪～之䎽

86/豻～之䎽

88/一豻～之聶

90/一貍～之聶

95/豻～之䎽

96/虓～之聶

98/虓～之鍢

99/屯虓～之聶

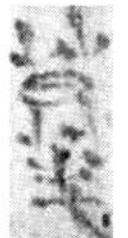
102/一虓～之聶

104/貍～之聶

104/屯貍～之聶

106/豻～之聶

108/□～之聶

113/豻～之鍢

尸　部

屍

13/黄迗王所馭大～(殿)

15/～(殿)

22/裘●定所馭左～(殿)

32/郘●鬵馭左彤～(殿)

39/柘●　馭右褈～(殿)

124/大●～(殿)

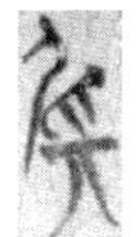
127/裘定●馭左～(殿)

130/郘鬵●馭左彤～(殿)

136/黄　●馭右～(殿)

136/右褈～(殿)
讀爲“殿”。

尾　部

尾

4/豻～之鍢

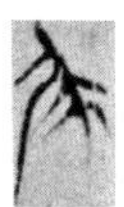 35/豻～之𦆱

 41/豻～之𦆱

 83/豻～之𦆱

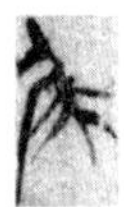 89/豻～之𦆱

 91/豻～之𦆱

方　部

旂

 11/～

欠　部

歆

 57/新官令～馭公左〔軒〕

卷　九

頁　部

頸

9/翠～

72/翠～

89/貂定之～

顯

3/削～

7/～

10/鞹～

15/～

17/～

21/鞹～

28/～

30/～

34/～

37/～

41/～

43/～

46/～

49/～

56/～

59/～

61/～

64/韇～

66/～

69/韇～

72/～

78/～

83/～

84/～

86/～

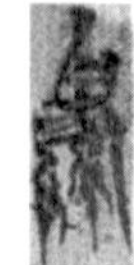
89/～

91/～

95/～

97/～

98/～

103/～

113/～

115/～

首　部

首

3/豻～之冡

 6/翠～

 7/豻～之雺

 9/白敌之～

 11/貂～之雺

 15/貂～之雺

 18/膔～之雺

 22/豻～之雺

 28/膔～之雺

 38/豻～之雺

 46/墨毛之～

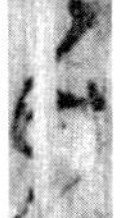 56/貂～之雺

 68/白敌之～

 69/貂～之雺

 72/翠～

 79/玄羿之～

 83/豻～之雺

 86/朱毛之～

 87/豻～之雺

 89/翠～

 91/膔～之

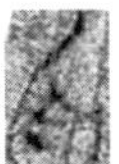 101/～之戫

 103/膔～之

 147/大～之子騍馬爲右驂

 173/大～之子騍爲右飛

 175/大～之子爲右驂

県 部

縣

 2/一～(懸)箙

 2/二～(懸)箙

168/～子之騮爲左驂
或讀爲“懸”。

須　部

須

6/紫羊～之緄

10/紫羊～之緄

68/羊～之緄

司　部

司

150/右～馬之騮爲右驌

151/～馬上子爲左驂

168/～馬〔之〕

169/左～馬之騮爲右驂

173/宋～城之騂爲右驂

174/～馬之白爲右飛

176/宋～城之駐爲左驂

177/～馬之騽爲右驌

210/～馬兩馬

210/鄦～馬一馬

卩　部

𠨗

12/～輪

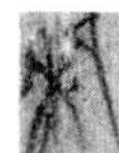
31/～輪

37/二～載扈

43/兩馬之～甲

64/～紳

129/參𩣡～甲

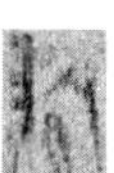
212/～二夫

213/～墍三夫

卯　部

卿

172/～事之騽爲左驌

199/～事之陏車

勹　部

匔

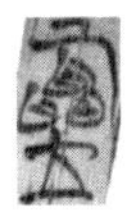
62/～

广　部

廄

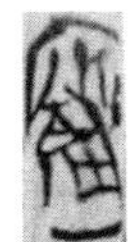
4/宫～令𪨌所馭乘𨊠

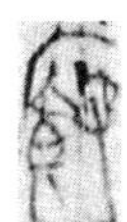
48/宫●～尹馭安車

143/宫～之新官駟

175/宫～尹之騮爲左飛

207/凡宫～之馬與[illegible]十乘

208/凡宫～之馬所入長坑之中五乘

210/宫～尹一馬

石　部

石

161/～芫贛柰以乘其畋車

177/～梁人駟馬

214/所䝱～梁𦘔䝱相新田之㿽

長　部

長

164/～腸人與杙人之馬

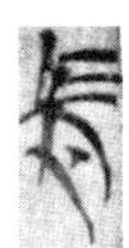
166/～腸人之駟馬

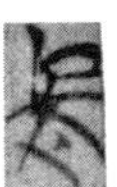
208/凡宫廄之馬所入～坑之中五乘

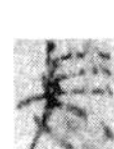
212/𣂑姑～𣈰

豕　部

豧

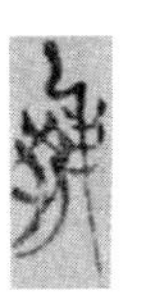
1 正/大莫𤕨䧹爲適～之春八月庚申

55/二～□

豸　部

豹

167/～裘爲左驌

貘

1 正/～聶

2/貍～之聶

2/二貍～之聶

豻

1 正/～㱜

3/～首之蒙

3/～韝

4/～尾之鞆

7/～首之蒙

11/～韝

16/三～㱜之箙

22/～首之蒙

22/～韝

30/～鞆

31/～韝

32/屯襮～與貍

35/～尾之鞆

35/～蒙

35/～韝

38/～首之蒙

39/三～㱜之箙

41/～尾之鞆

41/～蒙

42/～□之箙

42/～珄

43/～䩖

45/～䩞

47/～雺

47/～鞞

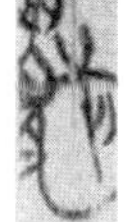
48/～䩞

48/～加

49/～䨭

50/～䩖

53/～常

56/～鞞

59/～䥈之聶

60/～箙

60/～珄

61/～䩖

62/～箙

63/～䩞

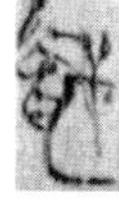
65/黄●～馭鄖君之一乘畋車

66/～䩖

66/～雺

67/～韔

67/襡紫魚與～之箙

71/～䩞

72/～〔䩖〕

73/～䩞

 79/～雺

 83/～尾之䎘

 83/～首之雺

 85/～䩞

 85/～加

 86/～𨱔之䎘

 87/～首之雺

 87/～鞞

 88/一～𨱔之聶

 89/～尾之䎘

 89/～雺

 91/～尾之䎘

 95/～𨱔之䎘

 95/～鞞

 96/～䩞

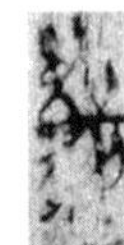 97/～鼀

 97/～鞞

 97/～䎘

 99/～韔

 102/三～殉之䩦

 106/～𨱔之聶

 113/～𨱔之䎘

 114/～雺

 114/～鞞

貂

 4/～䎘

5/屯～镆之聶

5/三襩～與录魚之箙

5/一襩～與紫魚之箙

7/～韠

8/～定之䮍

8/三～襩紫魚之箙

10/～定之䇖

10/～镆之䮍

11/～首之冡

13/二襩～與录魚之箙

15/～首之冡

19/一襩～紫魚之箙

21/～镆之䮍

26/一襩～录

29/一襩～與录魚之聶〈箙〉

36/四襩～與录魚之箙

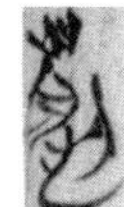
45/～定之䮍

45/襩～與紫魚之箙

48/～䮍

50/～䮍

53/～定之䮍

54/屯～定之䮍

55/襩～與录魚之韔

55/襩～與紫魚之箙

56/～䮍

56/～首之冡

57/屯～鞆

58/二～襡录魚之箙

59/～鞆

59/～䨲

63/襡～與录魚之箙

68/一～旂

69/～鞆

69/～首之䨝

69/～韗

70/～鞆

70/襡～與紫魚之箙

71/～鏌之鞆

71/〔～〕鏌之聶

71/襡～與紫魚之箙

73/襡～與紫魚之☐

74/襡～之箙

78/一襡～與录魚之箙

86/一襡～與录魚之箙

88/一襡～與录魚之聶

89/～定之頸

90/～录魚之箙

96/襡～與录魚之箙

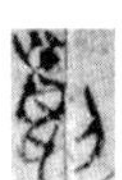
99/襡～與紫魚

99/襡～與录魚

 99/二～聶

 104/襛～與紫魚之皕

 106/襛～與录魚之鼅

 106/一襛～與紫魚之皕

 109/□～之皕

貍

 2/～貘之聶

 2/二～貘之聶

（ ） 9/～镆之聶

 14/～镆之聶

 19/屯～镆之聶

 19/一～镆之聶

 29/三～镆之聶

 32/屯襛豻與～

 32/三～镆之聶

 36/三～莫聶

 39/～镆之聶

 40/屯一～镆之聶

 45/～镆之聶

 55/～镆之聶

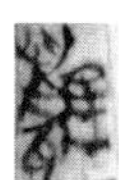 56/～镆之聶

 62/～镆之帮

 65/～皕

 70/～镆之聶

 70/～鼅

 72/～镆之聶

 73/～韗之聶

 78/屯～韄之聶

 90/一～韄之聶

 102/一～聶

 104/～韄之聶

 104/屯～韄之聶

 115/～聶

卷　十

馬　部

馬

43/兩～之紷甲

44/〔兩〕～之轡

52/～尹一馬

52/馬尹一～

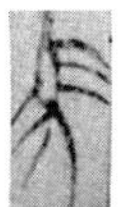
64/兩～之轡

66/兩～之革轡

80/兩～之轡

98/兩～之轡

128/六～畫甲

141/大凡八十～甲又六馬之甲

141/大凡八十馬甲又六～之甲

147/大首之子騂～爲右

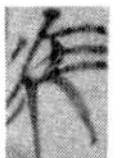
148/凡新官之～六乘

150/右司～之騮爲右驌

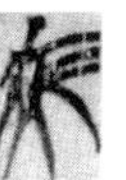
151/司～上子爲左驂

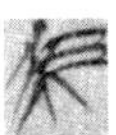
153/郕～尹之騮爲左驂

159/凡大官之～十乘

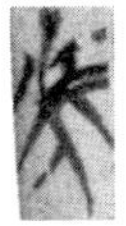
164/長腸人與杙人之～

164/崎～

 167/乘～駟

 168/司～〔之〕

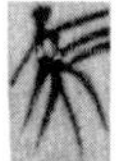 169/左司～之騮爲右驂

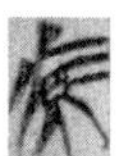 170/尨～駟

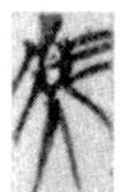 174/司～之白爲右飛

 174/乘馬之六～

 177/司～之譽爲右驌

 207/凡宮廏之～與 十乘

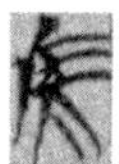 208/凡宮廏之～所入長坛之中五乘

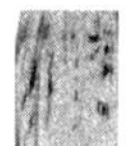 210/□□所幣□□□兩～

 210/司～兩馬

 210/司馬兩～

 210/□尹兩～

 210/右尹兩～

 210/大尹兩～

 210/宮廏尹一～

 210/少帀兩～

 210/埘司～一馬

 210/埘司馬一～

 211/尹一～

 211/左阩徒一～

 211/右阩徒一～

 211/鄭成一～

 （） 211/敎尹摵一～

 簽 1/韹軒之～甲

 簽 2/韹軒之～甲

 簽 3 /韹軒之～甲

駒

 179/鄐牧之參匹～騮

騏

142/鄭君之～爲右驂

145/鄀牧之～爲右驂

146/依～爲右驂

150/右阩徒之～爲左驂

153/櫝～爲右驂

154/右尹之～爲左驌

154/宰尹臣之～爲右驌

156/王孫生□之～爲左驂

156/辶史伐之～爲右驌

158/趄定之～爲左驂

158/贅尹之～爲右驌

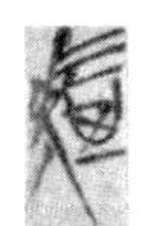
162/復尹之一～一黄

177/之～爲左驂

181/牧人之～爲左驌

驕

183/賓公之～爲左驌

185/鄭君之～

199/一～馸

駁

174/難～爲右驂

164/鄀牧之生～爲左驌

164/黝夫之生～爲右驌

165/晉旟～爲左驌

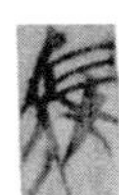
174/難～爲右驂

驂

142/莆之□爲左～

142/鄭君之騏爲右～

 143/翟耴之黄爲左～

 143/王衵之黄爲右～

 144/駚騮爲左～

 144/右尹之騮爲右～

 145/右尹之白爲左～

 145/鄗牧之騏爲右～

 146/某束之少騞爲左～

 146/依騏爲右～

 147/鄗牧之騍爲左～

 147/鄗牧之騍爲右～

 149/鄗尹之騮爲左〔～〕

 149/鄗君之黄爲右～

 150/右阩徒之騏爲左～

 150/新造尹之騍爲右～

 151/司馬上子爲左～

 151/鄭成之騮爲右～

 152/大攻尹之騮爲左～

 152/戠尹之𢽳騮爲右～

 153/𨚵馬尹之騮爲左～

 153/櫝騏爲右～

 154/右尹之白爲左～

 154/右尹之騮爲右～

 155/笀斬之譽爲左～

 155/辪之騮爲右～

 156/王孫生□之騏爲左～

 156/慉吾尹之黄爲右～

 157/贏尹郻之譽爲左～

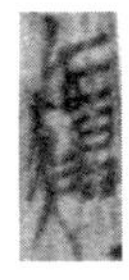
157/濬之騮爲右～

158/趄定之騏爲左～

158/贅尹之騮爲右～

165/瞔莕坪之騺爲左～

165/鄭騺爲右～

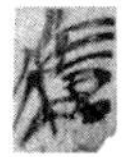
166/高趨之騜爲左～

166/ 驈爲右～

167/鄁梻之騮爲左～

167/高都之騮爲右～

168/縣子之騮爲左～

169/左司馬之騮爲右～

170/高都之爲左～

170/杺甫子之譽爲右～

171/杺甫之騮爲左～

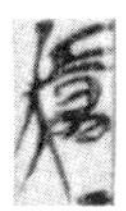
171/ 騑爲右～

172/獉之譽爲左～

172/建巨之子爲右～

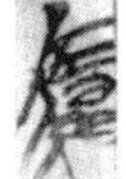
173/公騂爲左～

173/宋司城之騂爲右～

174/嫘駐爲左～

174/難駁爲右～

175/大宰之騮爲左～

175/某束之騮爲右～

176/宋司城之駐爲左～

176/左尹之駐爲右～

177/▨之騏爲左～

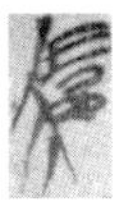
177/少帀之騮爲右～

178/騮夫之駴爲左～

178/～

駟

143/宮廄之新官～

165/乘鳘～

167/乘馬～

170/尨馬～

190/其一乘～

駐

163/鄴君之騮～爲右驌

駝

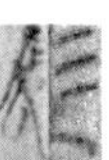
160/坪夜君之兩騮～

161/坪夜君之兩騮～

馭

1 反/右令建～大旆

4/宮廄令毀所～乘鞏

7/差(左)令弘所～乘車

12/郘連囂東臣所～政車

13/黄乇王所～大殿

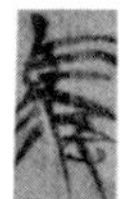
16/黄●賁所～左轓

18/中●畧令懽所～少轊

22/裘●定所～左殿

25/哀●裛所～左褈轓

26/黄●痰所～鞏軒

28/黄●字所～鞏軒

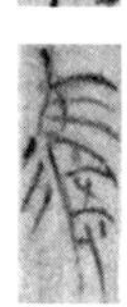
31/哀●立～左尹之鞏

32/鄘●鬙～左彤殿

36/黄夏●～右軿

38/黄●栜～右彤軿

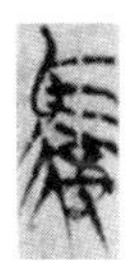
39/柘●～右轈殿

42/軘紝吉●～鄗君之一乘輇

45/黄克●～輤車

47/黄●建～墨乘

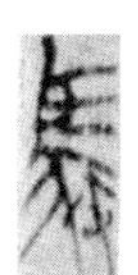
48/宫●廄尹～安車

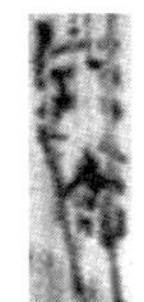
51/黄●慽～□車

57/新官令欹～公左〔軒〕

60/□〔集〕●～鄗君之一肇

62/黄適●～臤卿事之阩車

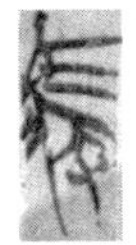
63/哀●還～命尹之一乘畱車

65/黄●豻～郳君之一乘畋車

67/所～●坪夜君之畋車

70/所～●郩尹之畋車

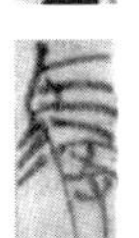
71/尹●瘻～畋車

73/南陵●連爂愇～椯轂

75/黄●～王僮車

125/黄●賔～左旆

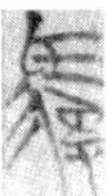
126/中●罝令慽～少輇

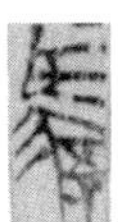
127/裘定●～左殿

127/哀●裛～左⿰衤童旆

128/黃痰●～⿱臼皇軒

129/黃孛●～⿱臼皇軒

130/鄺鬻●～左彤殿

131/黃夏●～右旆

133/黃●柹～右⿰衤童旆

136/黃●～右殿

駐

197/一黃～左驌

197/一譽～爲右驌

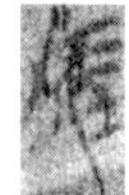

199/一騞～

199/一黃～

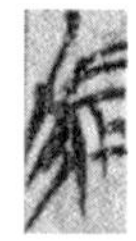

203/右驌～

⿷匸馬

129/參～絜甲

131/三～畫甲

141/所造三十～之甲

讀爲“匹”。

⿰馬夭

144/～騮爲左驂

駐

176/宋司城之～爲左驂

176/哀臣之～爲左驌

176/樂君之～爲右驌

176/左尹之～爲右驂

176/西邡之～爲右飛

174/嬛～爲左驂

騮(駠)

駠

142/卿事之～(騮)爲左驌

144/駃～(騮)爲左驂

144/鄗君之～(騮)爲左驌

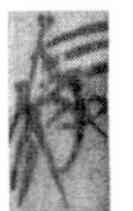
144/右尹之～(騮)爲右驂

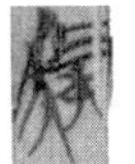
145/大攻尹之～(騮)爲右驌

147/高都之～(騮)爲左驌

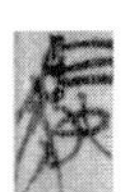
149/鄗尹之～(騮)爲左〔驂〕

149/□莫之～(騮)爲左驌

149/憍～(騮)爲右驌

150/鄗君之～(騮)爲左驌

150/右司馬之～(騮)爲右驌

151/畋尹之～(騮)爲右驌

151/鄭成之～(騮)爲右驂

152/大攻尹之～(騮)爲左驂

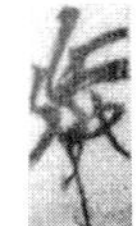
152/裁尹之舨～(騮)爲右驂

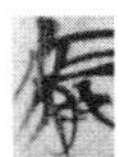
153/郟馬尹之～(騮)爲左驂

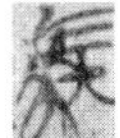
153/鄗君之～(騮)爲左驌

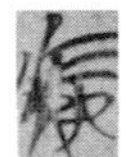
153/鄗君之～(騮)爲右驌

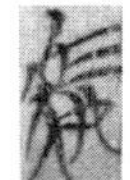
154/右尹之～(騮)爲右驂

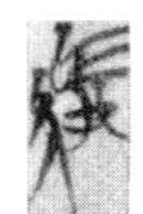
155/辟之～(騮)爲右驂

156/中城子之～(騮)爲左驌

157/鄴～(騮)爲左驌

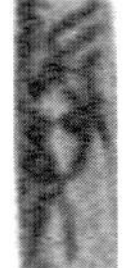
157/濬之～(騮)爲右驂

158/鄗君之～(騮)爲左驌

158/贅尹之～(騮)爲右驂

 160/坪夜君之兩～(騮)馳

 161/坪夜君之兩～(騮)馳

 163/鴋城君之～(騮)爲左騑

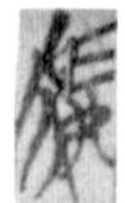 163/鄵君之～(騮)駐爲右騑

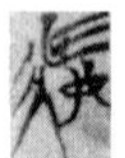 166/潡～(騮)爲右騑

 167/鄗棉之～(騮)爲左驂

 167/高都之～(騮)爲右驂

 168/縣子之～(騮)爲左驂

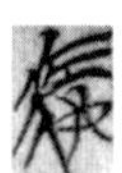 169/左司馬之～(騮)爲右驂

 171/杗甫之～(騮)爲左驂

 171/裁尹之兩～(騮)爲騑

 171/宋客之～(騮)爲又飛

 175/宫廄尹之～(騮)爲左飛

 175/大宰之～(騮)爲左驂

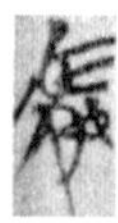 175/某束之～(騮)爲右驂

 177/少帀之～(騮)爲右驂

 179/鄀牧之参匹駒～(騮)

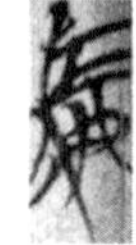 180/鄀牧之～(騮)爲左騑

 181/牧人之～(騮)爲右騑

 185/攻尹之～(騮)

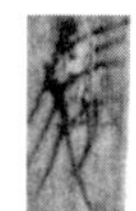 187/三匹～(騮)

 188/麗兩～(騮)

 189/匹～(騮)

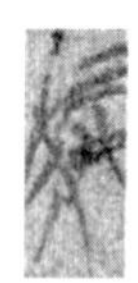 200/麗兩～(騮)
"騮"之異體。

騂

 147/大首之子～馬爲右

 166/鴋城君之～爲左騑

173/邡鄗之～爲左飛

173/公～爲左驂

173/鄦君之～爲左驌

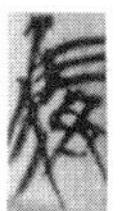

173/宋司城之～爲右驂

173/大首之子～爲右飛

騍

142/蔡齮之～爲右驌

駴

165/𩑦𩇯坪之～爲左驂

165/贅尹之～爲右驌

165/鄭～爲右驂

177/少帀之～爲左驌

178/黝夫之～爲左驂

178/賓公之～爲右驌

182/賓公之～爲左驌

騜

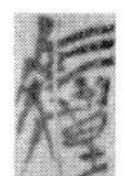

166/高𧼯之～爲左驂

203/左驌～

䮙

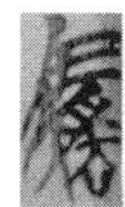

146/某束之少～爲左驂

146/某束之大～爲右驌

驌

142/卿事之騮爲左～

142/蔡齮之騍爲右～

143/莆之黄爲左～

143/某束之黄爲右～

144/鄗君之騮爲左～

144/北坪爲右～

 145/大𨑓尹之黄爲左～

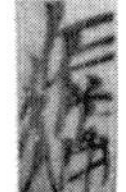 145/大攻尹之騮爲右～

 146/牢令之黄爲左～

 146/某束之大騽爲右～

 147/高鄱之騮爲左～

 147/大首之子騂馬爲右～

 149/□莫之騮爲左～

 149/慉騮爲右～

 150/鄗君之騮爲左～

 150/右司馬之騮爲右～

 151/某束之譽爲左～

 151/畋尹之騮爲右～

 152/中嚚尹之黄爲左～

 152/左阩徒之黄爲右～

 153/鄗君之騮爲左～

 153/鄗君之騮爲右～

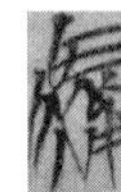 154/右尹之騏爲左～

 154/宰尹臣之騏爲右～

 155/𨑓史啟之譽爲左～

 155/宰尹臣之黄爲右～

 156/中城子之騮爲左～

 156/𨑓史伐之騏爲右～

 157/鄴騮爲左～

 157/贏尹鄒之黄爲右～

 158/鄗君之騮爲左～

 158/贅尹之騏爲右～

163/旟城君之騮爲左～

163/鄓君之騮駐爲右～

164/都牧之生駁爲左～

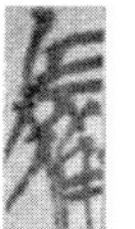
164/黝夫之生駁爲右～

165/晉旟駁爲左～

165/贅尹之騬爲右～

166/旟城君之騂爲左～

166/溦騮爲右～

167/豹裘爲左～

167/高爲右～

169/⧄～

169/黝夫之騍爲右～

170/黝夫之騮爲左～

170/留君子之騮爲右～

171/戠尹之兩騮爲～

172/卿事之騮爲左～

172/鄓君之騮爲右～

173/鄓君之騂爲左～

173/憍之子爲右～

174/黝夫之騮爲左～

174/矼黑爲右～

175/죄圭子爲左～

175/大首之子爲右～

176/哀臣之駘爲左～

176/樂君之駘爲右～

177/少帀之騬爲左～

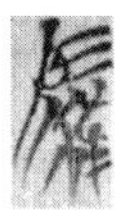
177/司馬之礜爲右～

178/辟之礜爲左～

178/賓公之駴爲右～

180/鄀牧之騮爲左～

180/賓公之黄爲右～

181/牧人之騏爲左～

181/牧人之騮爲右～

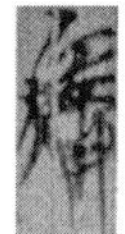
182/賓公之駴爲左～

182/鄀牧之黄爲右～

183/賓公之驈爲左～

183/賓公之黄爲右～

197/一黄駐左～

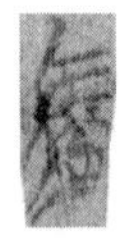
197/一礜駐爲右～

203/左～騜

203/右～駐

騑

171/～爲右驂

騢

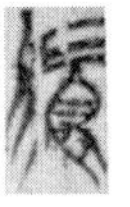
147/鄀牧之～爲左驂

147/鄀牧之～爲右驂

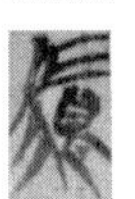
150/新造尹之～爲右驂

169/鼬夫之～爲右騚

驔

171/深～爲左飛

驫

166/～爲右驂

鹿　部

麗

77/～

163/～

164/～

188/～兩騮

189/～〔匹〕黄

190/其二乘屯～

191/屯～

192/～

192/～

193/屯～

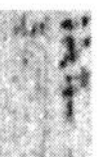
194/屯～

195/屯～

197/～

198/～

200/～兩騮

201/～兩黄

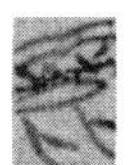
202/～兩⿱麗曾

203/～

151/某柬之～爲左驌

155/笠斬之～爲左驂

155/辻史啟之～爲左驌

157/羸尹鄢之～爲左驂

170/高～之爲左驂

170/𪑱夫之～爲左驌

170/畱君子之～爲右驌

170/𣏟甫子之～爲右驂

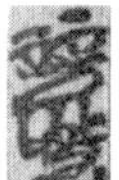
172/殤褑之～爲左飛

172/獴之～爲左驂

172/卿事之～爲左驌

172/鄴君之～爲右驌

172/獴之～爲右飛

174/𪑱夫之～爲左驌

177/司馬之～爲右驌

178/辟之～爲左驌

197/一～駐爲右驌

202/麗兩～

犬　部

龙

170/～馬駟

狐

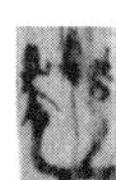
5/～白之聶

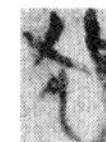
23/屯～聶

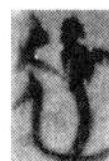
25/屯～聶

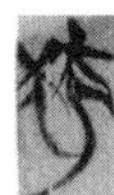
26/屯～聶

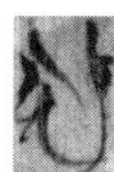
29/屯～白之聶

36/屯～聶

36/一～白之聶

39/二～白之聶

46/～白之聶

68/屯～白之聶

86/屯～白之聶

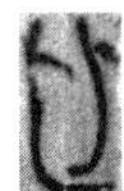
96/～白之聶

102/一～白之聶

猗

8/二～綏

20/一～綏

26/～綏

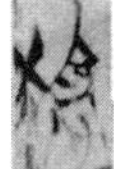
48/一～綏

53/～綏

54/二～綏

58/二～綏

71/～綏

73/～綏

75/二～綏

96/～綏

104/～綏

猍

172/～之譽爲左驂

172/～之譽爲右飛

獾

143/～耴之黄爲左驂

豩

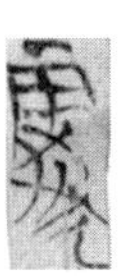
61/屯～翆翯

鼠　部

鼯

4/二～綏

鼳

4/～鞍

30/～銨

41/～銨

46/～銨

49/～銨

火　部

燓

212/～牛一夫

炢

11/旛～

熅

66/～韋之銨

98/～鍐

黑　部

黑

174/秎～爲右驂

大　部

大

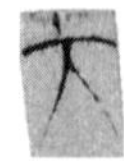
1 正/～莫囂鴋爲適豧之春八月庚申

1 正/右令建所乘●～輴

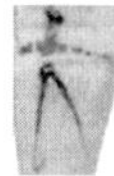
1 反/右令建馭～旆

13/黄适王所馭～殿

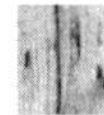
52/～

121/～凡四十乘又三乘

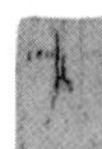
122/～輴

124/～●殿

140/～凡六十真又四真

141/～凡八十馬甲又六馬之甲

142/～旆

145/～让尹之黄爲左驌

145/～攻尹之騮爲右驌

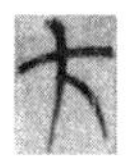
146/某束之～騗爲右驌

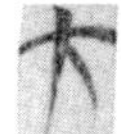
147/～首之子騂馬爲右

149/～官之駟馬

149/～輾

150/～官之駟馬

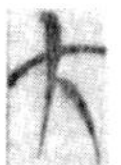
151/～官之駟馬

152/～攻尹之騮爲左驂

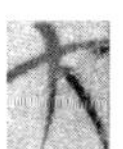
152/～官之駟馬

153/～官之駟馬

154/～官之駟馬

155/～官之駟馬

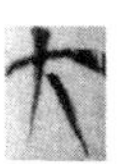
156/～官之駟馬

157/～官之駟馬

158/～官之駟馬

159/凡～官之馬十乘

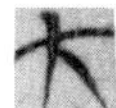
173/～首之子騂爲右飛

175/～宰之騮爲左驂

175/～首之子爲右驌

178/～路

190/～子帠三乘路車

210/七～夫所𩣬大宰匹馬

210/～尹兩馬
依文意或讀爲“太”。

矢　部

吴

43/三～甲

61/二真～甲

122/參真～甲

123/一真～甲

124/一真～甲

125/二真～甲

125/一～甲

126/～組之縢

 126/二～甲

 126/～組之縢

 127/三真～甲

 127/～組之縢

 128/二～甲

 128/～組之縢

 128/一～甲

 129/一～甲

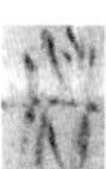 129/～組之縢

 129/一～甲

 129/～組之縢

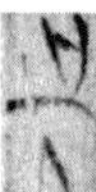 129/一～甲

 130/一～甲

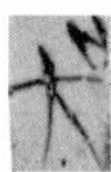 131/二～甲

 131/～組之縢

 133/一～甲

 133/一～甲

 134/一～甲

 136/一～甲

 138/一真～甲

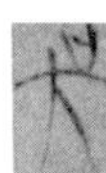 138/一真～甲

幸　部

執

 1正/胄䟽～事人書入車

圉

 77/才禕～

夫　部

夫

 164/黶～之生駁爲右驌

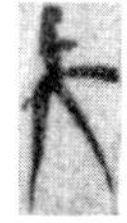 169/黝～之騍爲右驌

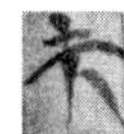 170/黝～之騽爲左驌

 174/黝～之騽爲左驌

 178/黝～之騻爲左驂

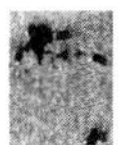 212/芳六～

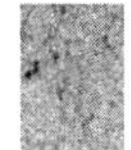 212/□溪六～

 212/□四～

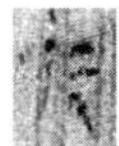 212/□四～

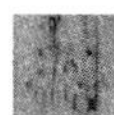 212/羔甫四～

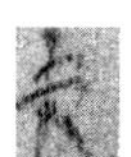 212/一～

 212/桊一～

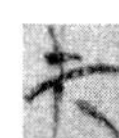 212/楚牛一～

 212/芹二～

 212/□一～

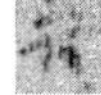 212/□一～

 212/柏溪二～

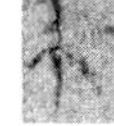 212/絜二～

 212/桐溪一～

 212/□夜二～

 212/□□二～

 212/□二～

 212/□一～

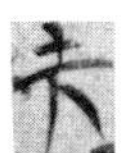 213/三～

 213/絜鼆三～

 213/瓕一～

 213/鄎二～

 213/膾一～

立　部

立

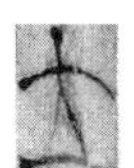 31/哀●～馭左尹之騜

端

 176/～轂

心　部

愇

 73/南陵●連爋～馭椯轂

憍

156/～晋尹之黄爲右驂

173/～之子爲右騑

慶

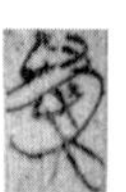

62/黄適●馭畋～(卿)事之阩車

142/～(卿)事之騮爲左騑

讀爲"卿"。

卷十一

水　部

深

171/～驌爲左飛

𣲖

174/～國爲左飛

浟

166/～騮爲右驌

溪

212/□～六夫

212/柏～二夫

212/桐～一夫

淩

138/～鞅䠷

桊

212/～一夫

濬

157/～之騮爲右驂

雨　部

雺

3/豻首之～

7/豻首之～

11/貂首之～

15/貂首之～

18/膔首之～

22/豻首之～

25/〔膔〕～

28/膔首之～

31/〔臒〕之～

35/豻～

38/豻首之～

41/豻～

47/豻～

56/貂首之～

59/貂～

66/豻～

69/貂首之～

79/豻～

80/虎～

83/豻首之～

87/豻首之～

89/豻～

92/～

93/膔䍐之～

95/無～

114/豻～

鼉

42/屯～孭

44/屯戠～孭

49/豻～

97/豻～

魚 部

魚

2/襦紫魚與彔～

2/襦紫魚與彔～

2/彔～

4/彔～之韔

5/三襦貂與彔～之箙

5/一襦貂與紫～之箙

8/彔～之韔

8/三貂襦紫～之箙

13/一襦紫魚彔～之箙

13/一襦紫魚彔～之箙

14/與彔～之箙

14/一彔～之箙

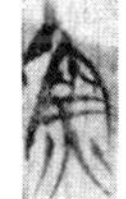
16/屯彔～聶

16/一襦紫～彔魚之箙

16/一襦紫魚彔～之箙

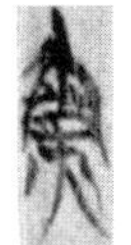
19/屯襦紫～彔魚之箙

19/屯襦紫魚彔～之箙

19/一襦貂紫～之箙

 26/二𧜵紫～录魚之箙

 26/二𧜵紫魚录～之箙

 29/三𧜵紫～录魚之箙

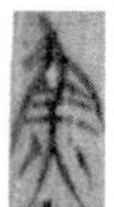 29/三𧜵紫魚录～之箙

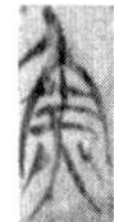 29/一录～之聶

 29/一𧜵貂與录～之聶〈箙〉

 32/一紫～之聶

 36/四𧜵貂與录～之箙

 39/一𧜵紫～與录魚之箙

 39/一𧜵紫魚與录～之箙

 45/紫～之韔

 46/𧜵貂與紫～之箙

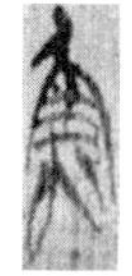 48/紫～之韔

 48/录～之箙

 54/王●～軒

 55/𧜵貂與录～之䩭

 55/紫～之韔

 56/〔𧜵貂與紫〕～之箙

 58/紫～之韔

 58/二貂𧜵录～之箙

 63/录～之韔

 63/𧜵貂與录～之箙

 67/𧜵紫～與豻之箙

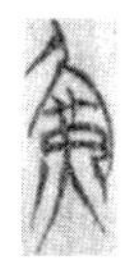
70/襦貂與紫～之䘧

71/录～之䩞

72/紫～之䘧

73/襦貂與紫～之□

78/录～之䩞

78/一襦貂與录～之䘧

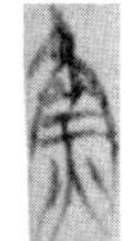
86/一襦貂與录～之䘧

88/录～之䩞

88/一襦貂與录～之聶

90/貂录～之䘧

96/紫～之䩞

96/襦貂與录～之䘧

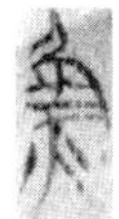
99/屯紫～之聶

99/襦貂與紫～

99/襦貂與录～

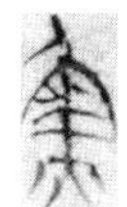
102/一录～之䘧

104/录～之䩞

104/襦貂與紫～之䘧

106/襦貂與录～之䩕

106/录～之䩞

106/一襦貂與紫～之䘧

108/四襦紫～

174/～軒

飛　部

飛

171/深驊爲左～

171/宋客之騮爲又～

172/殤褑之騽爲左～

172/獴之騽爲右～

173/郙鄗之騂爲左～

173/大首之子騂爲右～

174/滤國爲左～

174/司馬之白爲右～

175/宮廄尹之騮爲左～

175/疍子爲右～

176/鄭褈白爲左～

176/西郊之駐爲右～

𥤮(翼)

翼

3/一～翻

3/屯八～之翻

3/屯一～之萺

6/屯一～之翻

6/屯八～之翻

6/屯一～之翻

9/屯一～之翻

9/屯九～之翻

10/屯二～之翻

14/一～之翻

14/屯八～之翻

17/一～翻

17/屯八～之翻

17/屯一～之習

20/一～之習

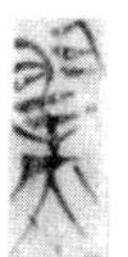
20/屯八～之習

20/屯一～之習

27/屯一～之習

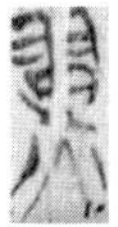
30/一～之習

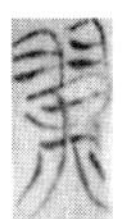
30/屯八～之習

30/屯一～之習

33/一～之習

33/屯八～之習

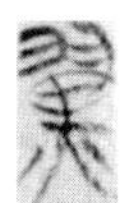
34/屯一～之習

37/一～之習

37/習屯八～

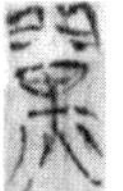
37/屯一～之習

40/一～之習

40/屯八～之習

40/屯一～之習

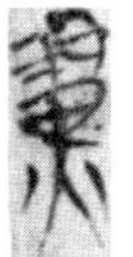
46/屯一～之習

55/屯二～之習

62/一～習

62/屯六～之

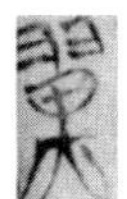
68/一～之習

68/屯八～之習

69/屯一～之習

 79/一～之䎘

 80/二～之翻

 82/一～之翻

 82/屯八～之翻

 83/屯一～之翻

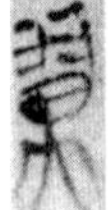 84/一～之翻

 84/屯一～之翻

 88/屯一～之翻

 91/一～之翻

 91/屯八～之翻

 91/屯一～之～〈翻〉

 91/屯一～之～〈翻〉

 97/屯一～之翻

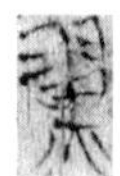 99/二～之翻

 100/屯六～之翻

 （ ） 101/屯一～之翻

 102/一～之翻

 102/屯八～

 103/屯一～之翻

 104/屯一～之翻

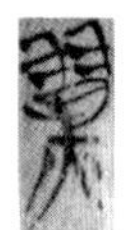 106/一～之翻

 110/一～之翻

 111/～之翻

卷十二

至　部

至

 121/～紫

西　部

西

 13/～韌

 16/～韌

 69/～鞍

 176/～邡之駐爲右飛

户　部

戹

 7/～

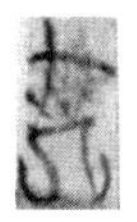 10/～

 20/～

 43/～

 61/～

 64/～

 66/～

 112/～

 115/～
即“衡”字。

肩

 6/劃～

 8/斂～

 18/劃～

 31/紫～

 45/貣～

 53/績～

 54/貣～

 58/劃～

 62/紫～

 63/紫～

 66/紫棆之～

 67/劃～

 70/棆～

 71/劃～

 73/劃～

 75/績～

 88/劃～

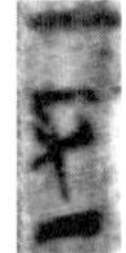 96/劃～

 104/劃～
羅小華(2011)疑當讀爲"籩"。

㢆

 2/二載～

 5/一襮載～

 9/一襮載～

 14/二襮載～

 17/二襮載～

 19/二襮載～

 30/一襮載～

 31/二襮弇～

 31/二畫～之載

 33/二襮載～

 37/二絜載～

40/二禣載～

42/二載～

60/弇～

62/弇～

68/一禣載～

80/一噧載～

82/禣載～

84/二禣載～

102/二禣載～

耳　部

耴

143/翟～之黄爲左驂

聶

1 正/貘～

2/貍貘之～

2/二貍貘之～

2/融～

5/屯貂𧝟之～

5/狐白之～

5/䜌～

8/虓𧝟之～

9/貍𧝟之～

13/虓𧝟之～

13/䜌～

14/貍𧝟之～

14/䜌～

16/屯录魚～

16/鎰~

16/屯鎰~

19/屯貍韄之~

19/四鎰~

19/一貍韄之~

23/屯狐~

25/屯狐~

26/屯狐~

26/屯一鎰一~

29/屯虓韄之~

29/三貍韄之~

29/一录魚之~

29/屯狐白之~

32/屯虓韄之~

32/三貍韄之~

33/一紫魚之~

36/屯狐~

36/三貍莫~

37/一狐白之~

39/二狐白之~

39/貍韄之~

40/屯一貍韄之~

42/虓韄之~

42/無~

45/貍韄之~

46/狐白之～

48/無～

48/無～

55/貍貘之～

56/貍貘之～

58/虒貘之～

59/豻貘之～

60/虒貘之～

60/無～

63/襦～

63/一襦～

65/虒貘之～

65/貘～

67/虒貘之～

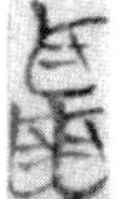
68/屯狐白之～

70/貍貘之～

71/〔貂〕貘之～

72/貍貘之～

73/貍鞞之～

78/虒貘之～

78/屯貍貘之～

86/屯狐白之～

88/一襦貂與录魚之～

88/一豻貘之～

90/一貍貘之～

90/一䋞～

96/虓貘之～

96/狐白之～

99/屯紫魚之～

99/屯虓貘之～

99/二貂～

99/一䋞～

102/一虓貘之～

102/屯䋞～

102/一䋞～

102/一貍～

102/一狐白之～

104/貍貘之～

104/屯貍貘之～

106/豻貘之～

108/□貘之～

115/貍～
讀爲“攝”。

女　部

姑

212/斲～長踼

嬛

174/～駐爲左驂

氏　部

氏

123/一～裪

 137/一～裪

戈　部

戈

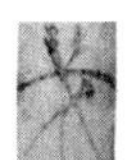 3/～

 6/二～

 10/二～

 15/二～

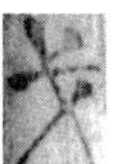 17/二～

 20/二～

 27/二～

 30/二～

 34/二～

 37/二～

 40/二～

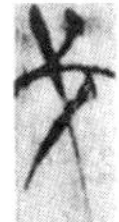 46/二～

 61/～

 69/二～

 83/二～

 84/二～

 88/二～

 91/二～

 97/二～

 （　） 101/二～

 103/二～

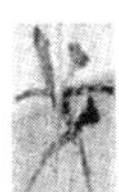 104/二～

 106/一～

戟

 3/一～

 6/二～

 9/二～

 14/一～

 17/一～

 20/一～

 30/一～

 33/一～

 37/一～

 40/一～

 42/二～

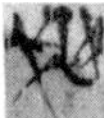 61/一～

 62/一～

 68/一～

 82/一～

 84/一～

 91/一～

 99/一～

 102/一～

𢧢

 44/屯～霝翆

 54/～組之綏

戎

 179/～路

䎔

 4/宫廄令～所馭乘㪈

𢧴

 3/二～

6/二黄金之～

10/黄金之～

15/二畫～

17/二畫～

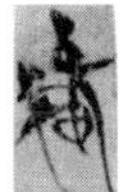
20/二黄金之～

27/畫～

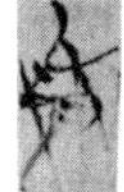
30/二畫～

34/二畫～

37/二畫～

40/二畫～

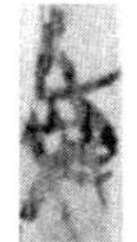
42/二～

46/革～

54/畫～

61/二～

69/二畫～

83/二畫～

84/二畫～

88/畫～

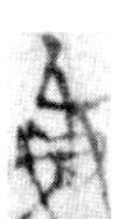
91/二畫～

97/二畫～

101/首之～

103/畫～

104/畫～

䜌

152/䜌尹之𩨊騮爲右驂

171/䜌尹 之兩騮爲驌

211/䜌尹𩨊一馬

嬲

1 正/大莫～旟爲適豧之春八月庚申

12/郘連～東臣所馭政車

73/南陵●連～愇馭椯轂
讀爲"囂"。

亡　部

無

42/～聶

43/～歆

46/～韔

48/～聶

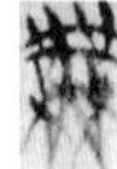
48/～聶

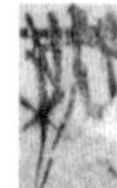
60/～聶

92/～轾

95/～弓

95/～雺

匚　部

匹

179/鄱牧之參～駒騮

187/三～騮

189/麗〔～〕黄

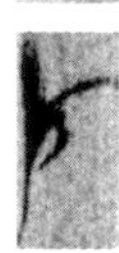
189/～騮

弓　部

弓

3/二秦～

5/二秦~

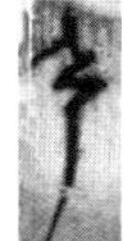
9/二秦~

15/二秦~

16/二秦~

20/二秦~

29/二秦~

33/二秦~

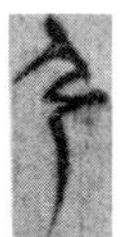
37/二秦~

40/二秦~

43/一秦~

45/紫~

46/一秦~

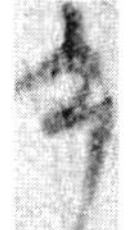
48/一秦~

54/革~

56/一秦~

60/一秦~

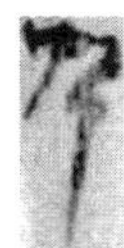
65/一秦~

68/二秦~

70/一秦~

72/一秦~

84/～

86/一秦～

90/二秦～

95/無～

97/一秦～

107/秦～

弘

7/左令～所馭乘車

弦

48/革～

53/反录之～

57/紫□□□□～

𢏺

（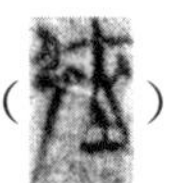）
116/～(夾)
讀爲"夾"。

彇

214/所～石梁肆彇柤新田之盥

214/所彇石梁肆～柤新田之盥

彏

43/～造

122/～韓造

124/～䡅造

125/～䡅造

126/～䡅造

126/～歂造

127/～䡅造

128/～歎造

128/～靰造

130/～歎造

133/～歎造

135/～歎造

137/～韓造

138/～靰造

139/～歎造

弜 部

弼

1 正/～

4/～

7/～

13/～

16/～

18/～

22/～

25/～

26/～

32/～

36/～

38/～

39/～

105/〔～〕

117/白金之～

弦　部

弦(㣇)

㣇

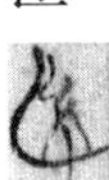 3/～(弦)造

 5/～(弦)造

 9/～(弦)造

 15/～(弦)造

 16/～(弦)造

 20/～(弦)造

 29/～(弦)造

 33/～(弦)造

 37/～(弦)造

 40/～(弦)造

 46/～(弦)造

 48/～(弦)造

 56/～(弦)造

 68/～(弦)造

 72/～(弦)造

 84/～(弦)造

 86/～(弦)造

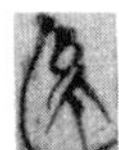 90/～(弦)造

 97/～(弦)造

 107/～(弦)造
"弦"之異體。

系　部

孫

 156/王～生□之騏爲左驂

繇(傜)

傜

 32/～(繇)韌

 35/～(繇)銨

38/～(䌛)靭

43/削～(䌛)鞌

54/～(䌛)韋之席

56/～(䌛)鞌

61/～(䌛)鞌

62/～(䌛)靭

63/～(䌛)靭

71/～(䌛)墼

72/～(䌛)鞌

83/～(䌛)鞍

86/～(䌛)鞌

89/～(䌛)鞌

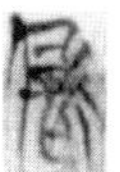
95/～(䌛)鞌

97/～(䌛)鞌

105/～(䌛)靭

112/～(䌛)韋之

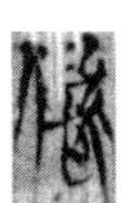
113/～(䌛)鞌

115/～(䌛)鞌
"䌛"之異體。

卷十三

糸部

純

67/紫軨之～

經

64/縝～

紡

3/黄～之綳

4/紫黄～之纜

4～襮

5/紫黄～之綳

7/紫黄～之纜

8/～襮

9/紫黄～之綳

10/紫黄～之纜

14/紫黄～之綳

15/紫黄～之纜

17/紫黄～之綳

17/紫黄～之纜

19/紫黄～之綳

21/紫黄～之纜

24/紫黄～之纜

28/紫黄～之纜

30/紫黄～之綳

30/紫黄～之纔

31/紫黄～之綳

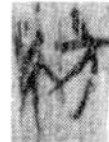
31/紫黄～之鄺

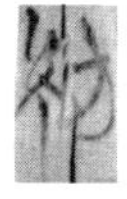
33/紫黄～之綳

35/紫黄～之纔

37/紫黄～之綳

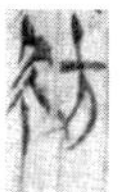
38/黄～之纔

40/紫黄～之綳

41/紫黄～之纔

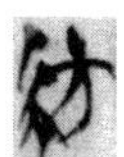
45/黄～之綏

45/～襮

47/黄～之纔

49/紫黄～之纔

55/黄～之裏

56/紫黄～之纔

57/～軒

59/紫黄～之纔

64/紫黄～之纔

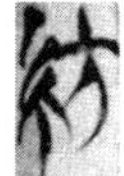
68/紫黄～之綳

69/紫黄～之纔

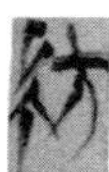
82/紫黄～之綳

83/紫黄～之纔

84/紫黄～之綳

85/黄～之纔

87/黄～之纔

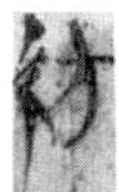
89/紫黄～之纔

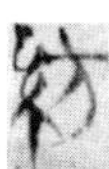
91/〔紫〕黄～之綳

 91/紫黄～之繄

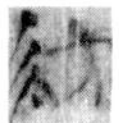 93/黄～之繄

 95/紫黄～之繄

 97/紫黄～之繄

 102/紫黄～之綳

 103/紫黄～之繄

 124/黄～之腈

 125/黄～之縢

 126/黄～之縢

 127/黄～之腈

 128/黄～之縢

 128/黄～之縢

 129/黄～之縢

 132/黄～之縢

 135/黄～之縢

 139/黄～之縢

繯

 123/組～

 123/組～

 123/組～

縞

 70/～

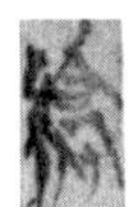 88/～綏

 115/～綏

紫

 2/襛～魚與录魚

 2/其一襛～黄紡之綳

 4/～黄紡之繄

 4/～裏

 5/一襛貂與～魚之箙

 5/～黄紡之綳

 6/～羊須之總

 6/～翆之常

 6/～總

 6/～席

 7/～黄紡之繄

 8/～裏

 8/～席

 8/～組之綏

 8/三貂襹～魚之箙

 9/～黄紡之綳

 9/～羊

 10/～總

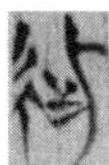 10/～黄紡之繄

 13/一襹～魚录魚之箙

 14/～黄紡之綳

 15/～黄紡之繄

 16/一襹～魚录魚之箙

 17/～黄紡之綳

 17/～黄紡之繄

 18/～席

 18/～席

 19/屯襹～魚录魚之箙

 19/一襹貂～魚之箙

 19/～黄紡之綳

 19/～組之綏

 20/～總

 21/～黄紡

（） 23/二襧～

 24/～黄紡之纍

 25/二襧～☐

 26/二襧～魚录魚之箙

 28/～黄紡之纍

 29/三襧～魚录魚之箙

 30/～黄紡之綳

 30/～黄紡之纍

 31/～黄紡之綳

 31/～纑之綏

 31/～启

 31/～黄紡之

 32/一～魚之聶

 33/～黄紡之綳

 35/～黄紡之纍

 37/～黄紡之綳

 37/～黄紡之纍

 39/一襧～魚與录魚之箙

 40/～黄紡之綳

 41/～黄紡之纍

 42/～綳

 42/二～幹之箙

 43/～綎

 43/屯～膝

 43/～膝

 44/～勒

 45/～裏

 45/～席

45/～弓

45/～魚之韔

46/㔾貂與～魚之箙

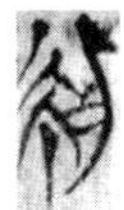
46/～緄

46/～黄紡之纓

48/～幹之安䪌

48/～魚之韔

49/～黄紡之纓

50/～幹之安

53/～幹之襮

53/～幹之䪌

53/～綏

53/～因之～席

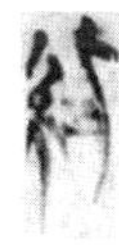
54/～幹之裏

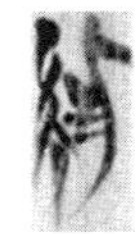
54/～組之綏

54/齊～之綳

55/齊～之襮

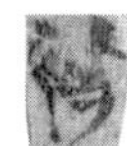
55/～緄

55/～幹之裏

55/～魚之韔

55/～裏

55/㔾貂與～

55/㔾貂與～魚之箙

56/～裏

56/屯～組之綏

56/～黄紡之纓

57/～組之綏

57/～□□□□弦

58/～組之綏

58/～韔之𧝓

58/～魚之韔

59/屯～輪之裹

59/～黄紡之䋞

60/～綳

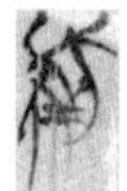
60/二～輪之箙

61/～蔽

62/～綳

62/～扂

63/～組之斅

63/～組之綒

63/～扂

63/～席

64/～录之綏

64/～黄紡之䋞

64/～組之斅

64/～組珥

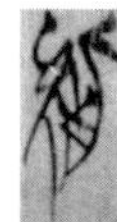
65/～裹

65/～輪之杶

65/～纑之斅

65/～輪之杶

66/～录之䋞

66/～纑之斅

67/～裹

67/～輇之純

67/襹～魚與豻之箙

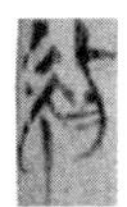
68/～黄紡之綳

69/～緄

69/～黄紡之䌛

70/～裹

70/襹貂與～魚之箙

71/～裹

71/～席

72/～魚之箙

72/～旃

73/～組之綏

73/～席

73/襹貂與～魚之☐

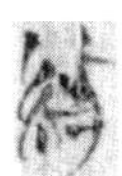
75/～組之綫

75/～席

76/齊～之加

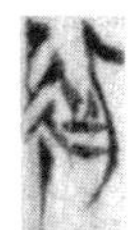
76/～因之席

78/～录之䌛

79/～旃

80/～綳

80/～䌛

82/～黄紡之綳

83/～黄紡之䌛

84/～黄紡之綳

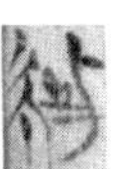
84/～黄紡之綳

 86/～黄紡之綳

 88/～組之綫

 88/～箙

 88/齊～之綳

 88/～席

 88/～裏

 88/～裣裏

 89/屯～裏

 89/～黄紡之縏

 91/〔～〕黄紡之綳

 91/～黄紡之縏

 95/～翼

 95/～黄紡之縏

 96/～席

 96/～魚之韔

 96/～組之〔綏〕

 97/～黄紡之縏

 98/削～录之鞅

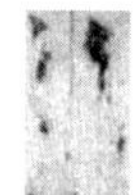 99/屯～魚之聶

 99/襦貂與～魚

 102/～黄紡之綳

 103/～黄紡之縏

 104/～席

 104/～組之綏

 104/～緄

 104/襦貂與～魚之箙

 106/齊～之綳

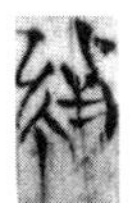 106/～緄

 106/～軨之裹

 106/一襬貂與～魚之箙

 108/四襬～魚

 113/～鱀

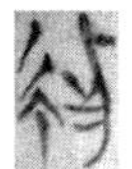 115/～彔之鱀

 116/～鐴

 121/至～

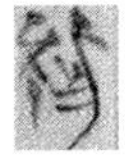 122/～敉之縢

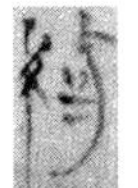 122/～敉之縢

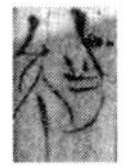 123/～組之縢

 123/～組之縢

 124/～組之縢

 124/～緽之縢

 125/～繿之縢

 125/～市之縢

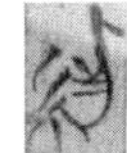 126/～組之縢

 127/～市之縢

 128/～組之縢

 129/～組之縢

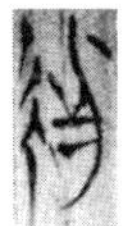 129/～市之縢

 130/～市之縢

 130/～市之縢

 130/～市之縢

 130/～敉之縢

 133/～緽之縢

 133/～市之縢

 136/～市之縢

 136/～組之縢

136/～市之縢

136/～市之縢

137/屯～組之縢

137/～欧之縢

138/～組之縢

138/～組之縢

繰

66/～录之箙

紳(紳、紻)

紳

3/䩜～

10/鞎～

18/䩜～

61/～

64/剢～

79/鞎～

91/䩜～

95/鞎～

113/鞎～

紻

7/鞎～(紳)

15/䩜～(紳)

22/䩜～(紳)

24/鞎～(紳)

28/䩜～(紳)

35/䩜～(紳)

38/䩜～(紳)

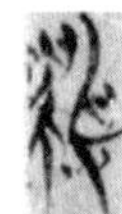
41/䩜～(紳)

43/～(紳)

47/膢～(紳)

49/鞡～(紳)

56/鞡～(紳)

59/鞡～(紳)

66/葉～(紳)

69/鞡～(紳)

79/鞡～(紳)

80/韈～(紳)

83/膢～(紳)

87/膢～(紳)

89/膢～(紳)

93/膢～(紳)

95/鞡～(紳)

97/膢～(紳)

103/膢～(紳)
"紳"之異體。

組(緝)

緝

2/屯瑻～之綏

2/屯瑻～之綏

5/屯瑻～之綏

8/紫～之綏

8/瑻～之綏

10/～珥填

14/屯瑻～之綏

17/瑻～之綏

19/紫～之綏

19/璑～

23/屯璑～之綏

25/屯璑～之綏

26/屯璑～之綏

29/屯璑～之綏

31/～絓

32/屯璑～之綏

36/～綏

36/璑～之綏

38/璑～

39/璑～之綏

46/屯璑～之綏

47/～綏

49/黿～之綏

50/黿～之斆

53/軘～之絓

53/黿～之綏

54/紫～之綏

54/戠～之絓

55/～綏

56/屯紫～之綏

57/紫～之綏

58/紫～之綏

58/瓗～之綏

59/䨲～之綏

63/紫～之敾

63/紫～之緟

64/紫～之敾

64/紫～珥

67/䨲～之敾

70/～緟

71/䨲～之綏

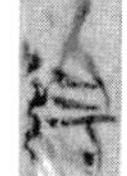
72/屯瓗～之綏

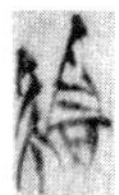
73/紫～之綏

75/䨲～之綏

75/紫～之緟

75/䨲～之綏

76/屯瓗～之綏

86/～綏

88/紫～之緟

89/屯瓗～之綏

96/紫～之〔綏〕

97/䨲～之綏

104/紫～之綏

105/瓗～之綏

106/䨲～之綏

 115/～綏

 115/龜～之𣀈

 122/屯玄～之縢

 123/紫～之䐜

 123/～繯

 123/～繯

 123/～繯

 123/紫～之縢

 124/紫～之縢

 126/吴～之縢

 126/吴～之縢

 126/紫～之縢

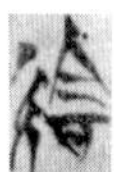 127/吴～之縢

 128/吴～之縢

 128/紫～之縢

 129/吴～之縢

 129/紫～之縢

 129/吴～之縢

 131/吴～之縢

 131/𡗝紡之縢～

 134/龜～之縢

 136/紫～之縢

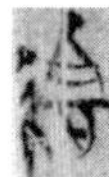 137/屯紫～之䐜

 138/紫～之縢

 138/紫～之縢

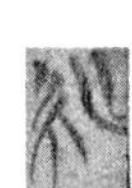 7/～

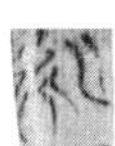 11/～

紉

 117/載～裹

縢(絭)

絭

 43/屯紫～

 43/紫～

 122/紫䋈之～

 122/紫䋈之～

 122/屯玄組之～

 123/柘～

 123/紫組之～

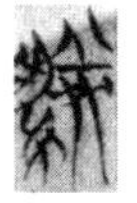 124/紫組之～

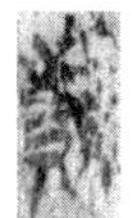 124/紫縯之～

 125/紕䋈之～

 125/黄紡之～

 125/紫纑之～

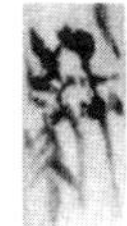 125/紫市之～

 126/黄紡之～

 126/吴組之～

 126/吴組之～

 126/紫組之～

 127/紫市之～

 127/吴組之～

 128/黄紡之～

 128/吴組之～

 128/紫組之～

 128/黄紡之～

129/吳組之～

129/紫組之～

129/吳組之～

129/紫市之～

129/黄紡之～

130/紫市之～

130/紫市之～

130/紫市之～

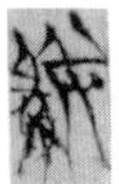
130/紫紋之～

131/吳組之～

131/紶紳之～組

131/玄市之～

132/黄紡之～

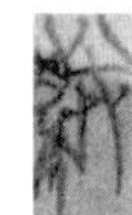
133/紫纋之～

133/紫市之～

135/㲋組之～

135/黄紡之～

136/紫市之～

136/紫組之～

136/紫市之～

136/紫市之～

137/紫欧之～

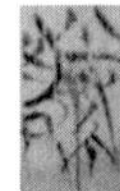
138/紫組之～

138/紫組之～

139/黄紡之～

維

 123/綒～

 123/綒～

紛

 43/～韧

 63/～隥

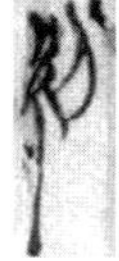 67/～韧

綢

 123/一～

 125/一革～

 128/一～

 128/一～

 131/一～

 133/一革～

綏

 2/屯璑組之～

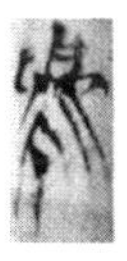 2/屯璑組之～

 4/二鷉～

 5/屯璑組之～

 6/□～

 8/二猗～

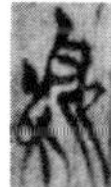 8/紫組之～

 8/璑組之～

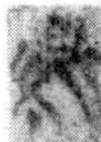 15/～

 17/璑組之～

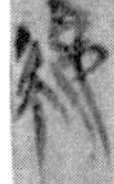 19/紫組之～

 20/璑組之～

 20/一猗～

 23/屯璑組之～

 25/革～

 25/屯𤩺組之～

 26/猯～

 26/屯𤩺組之～

 29/屯𤩺組之～

 31/紫纏之～

 32/革～

 32/屯𤩺組之～

 36/組～

 36/𤩺組之～

 38/革～

 39/𤩺組之～

 43/革～

 45/黄紡之～

 45/綒～

 46/屯𤩺組之～

 47/組～

 48/一猯～

 49/䨲組之～

 53/紫～

 53/猯～

 53/䨲組之～

 54/紫組之～

 54/二猯～

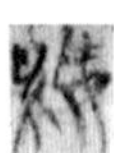 55/組～

 56/屯紫組之～

57/紫組之～

58/二貓～

58/紫組之～

58/𤩽組之～

59/黿組之～

64/紫录之～

71/黿組之～

71/貓～

72/屯𤩽組之～

73/紫組之～

73/貓～

75/黿組之～

75/二貓～

75/黿組之～

76/屯𤩽組之～

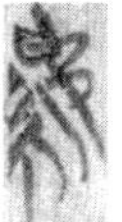
85/綒～

86/組～

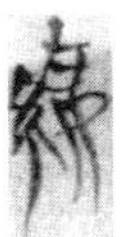
88/縞～

89/屯𤩽組之～

95/～

96/貓～

96/紫組之〔～〕

97/黿組之～

102/～

104/犒～

104/紫組之～

105/革～

105/璑組之～

106/黿組之～

115/組～

115/縞～

紕

42/軋～吉●馭鄗君之一乘輊

絆

9/翠～

紼

131/棗～之縢組

綈

69/～常

紾

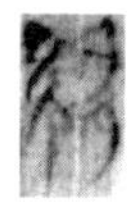
95/纀～

絣

3/黄紡之～

5/紫黄紡之～

9/紫黄紡之～

14/紫黄紡之～

17/紫黄紡之～

19/紫黄紡之～

30/紫黄紡之～

31/紫黄紡之～

33/紫黄紡之～

37/紫黄紡之～

40/紫黄紡之～

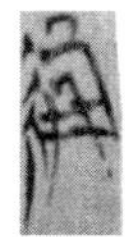
42/紫～

54/齊紫之～

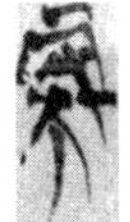
60/紫～

62/紫～

68/紫黄紡之～

80/紫～

82/紫黄紡之～

84/紫黄紡之～

88/齊紫之～

91/〔紫〕黄紡之～

99/之～

102/紫黄紡之～

106/齊紫之～

絓

31/組～

43/紫～

53/䪐組之～

54/戠組之～

63/紫組之～

70/組～

75/紫組之～

88/紫組之～

綍

45/～綏

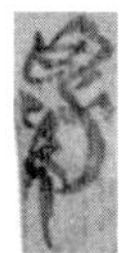 85/～綏

 123/～維

 123/～維

 124/～唯

 125/～唯

 128/～唯

 129/～唯

 133～唯

緄

 6/紫羊須之～

 6/紫～

 10/紫羊須之～

 10/紫～

 20/紫～

 46/紫～

 55/紫～

 68/羊須之～

 69/紫～

 88/紫～

 104/紫～

 106/紫～

繢

 31/紫～之綏

 65/紫～之敵

 66/紫～之歒

 125/紫～之縢

繽

 32/～鞑

 43/～

 49/～鞑

 53/～肩

 54/～筥

 55/～鞑

 64/～經

 67/～䧢

 75/～䧢

 75/～靭

 75/～肩

 104/～靭

繏

 95/～終

 129/襦～

 138/～賸

繶

 124/紫～之縢

 133/紫～之縢

䋤

 5/～聶

 13/～聶

14/～聶

16/～聶

16/屯～聶

19/四～聶

26/屯一～一聶

28/～䋺

80/～䋺

90/一～聶

99/一～聶

102/屯～聶

102/一～聶

115/～䋺

115/～䋺

119/～䶈
何琳儀(1994)説或可讀"纂"。

纞

4/紫黄紡之～

7/紫黄紡之～

10/紫黄紡之～

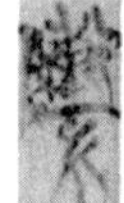
15/紫黄紡之～

18/紫黄紡之～

22/紫黄紡之～

24/紫黄紡之～

28/紫黄紡之～

30/紫黄紡之～

35/紫黄紡之～

38/紫黄紡之～

41/紫黄紡之～

47/黄紡之～

49/紫黄紡之～

56/紫黄紡之～

59/紫黄紡之～

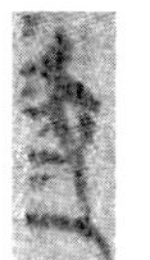
64/紫黄紡之～

66/紫录之～

69/紫黄紡之～

78/紫录之～

80/紫～

83/紫黄紡之～

85/紫黄紡之～

87/紫黄紡之～

89/紫黄紡之～

91/紫黄紡之～

93/紫黄紡之～

95/紫黄紡之～

97/紫黄紡之～

103/紫黄紡之～

113/紫～

115/紫录之～

《曾侯乙墓》(1989)認爲該字當從"敶"聲，爲陳列之"陳"的本字。

絲 部

轡

 7/～

 11/～

 15/～

 18/～

 22/～

 25/～

 28/六～

 31/～

 35/～

 38/～

 41/～

 44/兩馬之～

 47/～

 49/～

 57/六～

 59/～

 64/兩馬之～

 66/兩馬之革～

 69/～

 77/其革～

 79/～

 80/兩馬之～

 83/～

 87/～

 89/～

92/六～

93/～

94/～

95/六～

97/～

98/兩馬之～

114/～

115/乘馬之～

二　部

二

2/～懸箙

2/～貍貘之聶

2/～韝

2/～載扈

3/～秦弓

3/～旆

3/～戫

4/～鷗綏

5/～秦弓

5/～韝

6/～戟

6/～旆

6/～黄金之戫

6/～戈

8/～猯綏

8/～韝

8/～歛靴

9/～秦弓

9/～戟

9/～旆

10/～戈

10/屯～翼之翻

13/～襹貂

14/～襹載扈

14/～旆

14/～韝

15/～畫戫

15/～戈

15/～秦弓

16/～秦弓

17/～襹載扈

17/～果

17/～旆

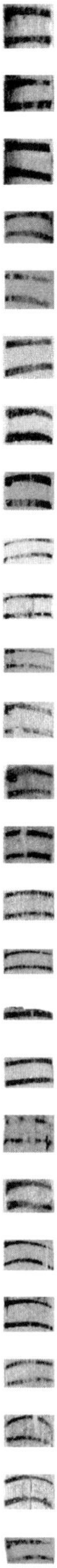

17/～畫戟
17/～戈
17/～韐
19/～襮載扈
19/～韐
19/～歆𩎟
20/～旆
20/～黃金之戟
20/～戈
20/～秦弓
23/～韐
23/～襮紫
25/～韐
25/～襮紫〔之〕☐
26/～韐
26/～襮紫魚录魚之箙
27/〔～〕
27/～戈
29/～韐
29/～秦弓
30/～旆
30/～畫戟
30/～戈
31/～襮弇扈
31/～畫扈之載
32/～韐
33/～秦弓
33/～襮載扈
33/～旆
34/～畫戟
34/～戈
36/～韐
36/～歆𩎟
37/～秦弓
37/～果
37/～旆
37/～畫戟
37/～戈
37/～㓞載扈
38/～韐
39/～韐
39/～狐白之聶
40/～秦弓
40/～襮載扈
40/～旆
40/～畫戟
40/～戈
42/～載扈
42/～紫搶之箙

42/～旆

42/～戟

42/～戫

43/矢～秉又六

46/～戈

54/～犒綏

55/～貁□

55/屯～翼之翻

58/～犒綏

58/～韐

58/～貂襩录魚之箙

60/～紫韐之箙

61/～戫

61/～真吴甲

62/～菓

62/～旆

68/～秦弓

68/～菓

68/～旆

69/～畫戫

69/～畫戫

75/～犒綏

80/～翼之翻

82/～果

82/～旆

83/～畫戫

83/～戈

84/～襩載扈

84/～旆

84/～畫戫

84/～戈

88/～戈

90/～秦弓

91/～果

91/～旆

91/～畫戫

91/～戈

97/～畫戫

97/～戈

99/～箙

99/～貂聶

99/～果

99/～翼之翻

99/～

100/～虩

101/～戈

102/～襩載扈

102/～斾

103/～戈

104/～戈

105/～韔

115/路車～乘

116/～乘路車

120/凡輊車十乘又～乘

122/～真楚甲

125/～真吴甲

126/～吴甲

128/～吴甲

131/～吴甲

190/其～乘屯麗

191/坪夜君之幣路車～乘

199/～

212/逌～人

212/芹～夫

212/柏溪～夫

212/𨛭～夫

212/□夜～夫

212/□□～夫

212/□～夫

213/～二公

213/二～公

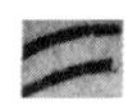

213/鄎～夫

凡

120/～輊車十乘又二乘

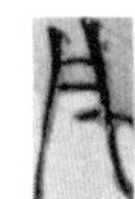

121/大～四十乘又三乘

140/大～六十真又四真

141/大～八十馬甲又六馬之甲

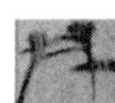

148/～新官之馬六乘

159/～大官之馬十乘

195/～幣路車九乘

196/～路車九乘

204/～幣車

207/～宫廄之馬與十乘

208/～宫廄之馬所入長埮之中五乘

214/～莾、郘

土　部

坪

67/所馭●～夜君之畋車

120/攻差～造所行軖五乘

144/北～爲右驂

160/～夜君之兩騮駝

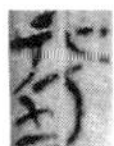
161/～夜君之兩騮駝

165/曺晳～之駴爲左驂

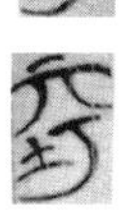
191/～夜君之帑路車二乘

填

10/組珥～

坛

208/凡宫廄之馬所入長～之中五乘

墨

46/～毛之首

47/黄●建馭～乘

173/～乘

黝

164/～夫之生駁爲右驂

169/～夫之騴爲右驂

170/～夫之騽爲左驂

174/～夫之騽爲左驂

178/～夫之駴爲左驂

城

119/旃～君三路車

156/中～子之騮爲左驂

163/旃～君之騮爲左驂

166/旃～君之騂爲左驂

173/宋司～之騍爲右驂

176/宋司～之駐爲左驂

193/旃～君之路車三乘

亖

131/～紑之縢組

𤲩

18/中●畳令～所馭少輊

51/黄●～馭□車

126/中●畳令～馭少輊

137/～帀之賸

田　部

田

214/所彇石梁肆彇柤新～之盄

晅

165/～吾坪之騂爲左驂

𥊝

80/一～載扈

黄　部

黄

3/其一襡紫～紡之綳

4/紫～紡之䋎

5/紫～紡之綳

6/二～金之戭

7/紫～紡之䋎

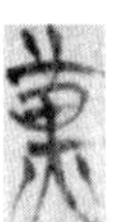
9/紫～紡之綳

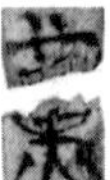
10/～金之戭

10/紫～紡之䋎

13/～●迲王所馭大殿

14/紫～紡之綳

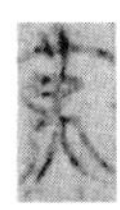
15/紫～紡之縏

16/～●贙所馭左齣

17/紫～紡之綳

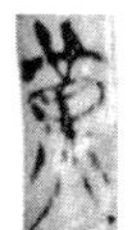
17/紫～紡之縏

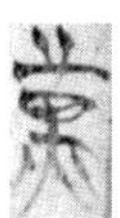
19/紫～紡之綳

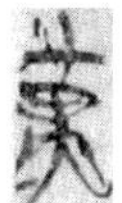
20/二～金之戠

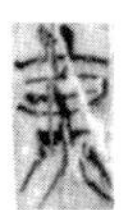
20/～金

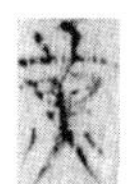
21/紫～紡

24/紫～紡之縏

26/～●痰所馭𦸗軒

28/紫～紡之縏

28/～●字所馭𦸗軒

30/紫～紡之綳

30/紫～紡之縏

31/紫～紡之綳

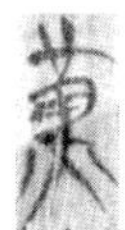
31/紫～紡之鄗

33/紫～紡之綳

35/紫～紡之縏

36/～夏●馭右齣

37/紫～紡之綳

38/～紡之縏

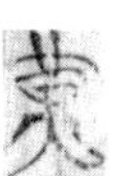
38/～●梻馭右彤齣

40/紫～紡之綳

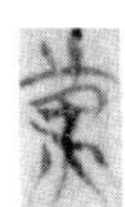
41/紫～紡之縏

42/～金之玳

 42/～金之玳

 45/～克●馭輴車

 45/～紡之綏

 （ ） 47/～紡之纞

 47/～●建馭墨乘

 49/紫～紡之纞

 51/～●螻馭□車

 55/～紡之裹

 56/紫～紡之纞

 59/紫～紡之纞

 60/～金之玳

 62/～適●馭臤卿事之阩車

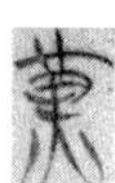 64/紫～紡之纞

 64/～金之鞄

 65～●豻馭鄅君之一乘畋車

 66～金之勒

 68/紫～紡之綳

 69/～金之韓

 69/紫～紡之纞

 75/～ ●馭王僮車

 77/～金之釴

 80/～金之勒

 82/紫～紡之綳

 83/紫～紡之纞

 84/紫～紡之綳

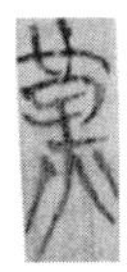
85/～紡之鞶

87/～紡之鞶

89/紫～紡之鞶

91/〔紫〕～紡之綳

91/紫～紡之鞶

93/～紡之鞶

95/紫～紡之鞶

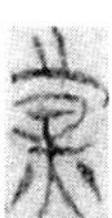
97/紫～紡之鞶

102/紫～紡之綳

103/紫～紡之鞶

124/～紡之膭

124/乘馬～金貴

125/～紡之縢

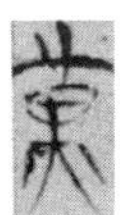
125/～●賫馭左旆

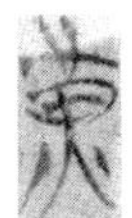
126/～紡之縢

127/～紡之膭

128/～紡之縢

128/～痰●馭𦥑軒

128/～紡之縢

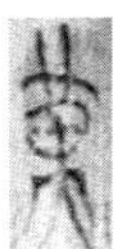
129/～字●馭𦥑軒

129/～紡之縢

131/～夏●馭右旆

132/～紡之縢

133/～●梻馭右禮轆

135/～紡之縢

136/～●馭右殿

137/乘馬～金之貴

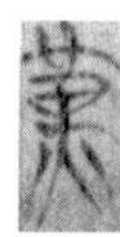
138/乘馬～金之貴

139/～紡之縢

143/翟耴之～爲左驂

143/莆之～爲左騙

143/某束之～爲右騙

143/王衵之～爲右驂

145/大让尹之～爲左騙

146/牢令之～爲左騙

149/鄗君之～爲右驂

152/中嘼尹之～爲左騙

152/左阩徒之～爲右騙

155/宰尹臣之～爲右騙

156/憍
舀尹之～爲右驂

157/贏尹鄒之～爲右騙

162/復尹之一騏一～

180/賓公之～爲右騙

182/都牧之～爲右騙

183/賓公之～爲右騙

184/牧人之兩～

189/麗〔匹〕～

197/一～駐左騙

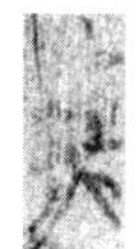
199/一～駐

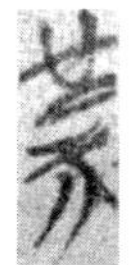
201/麗兩～

力　部

力

81/⍁□～
讀爲“勒”。

加

48/豻～

76/齊紫之～

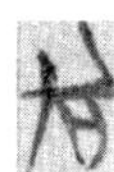
85/豻～

卷十四

金　部

金

6/二黄～之戠

10/黄～之戠

20/二黄～之戠

20/黄～

42/黄～之玳

42/黄～之玳

60/黄～之玳

64/黄～之鞠

66/黄～之勒

69/黄～之韓

77/黄～之釴

80/黄～之勒

117/白～之弼

124/乘馬黄～貴

137/乘馬黄～之貴

138/乘馬黄～之貴

銅

62/～造

釴

77/黄金之～

鉡

106/录翆之～

銿

54/齒～

鍦

11/～

銉

11/～

鐐

4/～造

15/～造

18/～造

22/～造

25/～造

28/～造

31/～造

35/～造

38/～造

41/～造

43/～造

47/～造

49/～造

57/～造

59/～造

61/～造

64/～造

69/～造

 79/～造

 80/～造

 81/～造

 83/～造

 85/～造

 87/～造

 89/～造

 92/～造

 94/～造

 95/～造

 97/～造

 98/～造

 115/～造

鐫

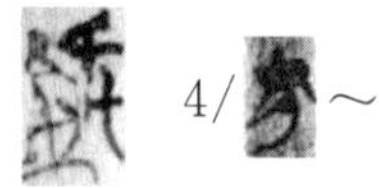 4/～

斤　部

所

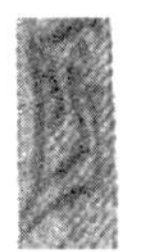 1正/右令建～乘●大輴

 4/宮廄令𪏆～馭乘𨍭

 7/差(左)令弘～馭乘車

 12/郘連爛東臣～馭政車

 13/黄乇王～馭大殿

 16/黄●貿～馭左輴

 18/中●罾令𢘿～馭少𨍭

 22/裘●定～馭左殿

 25/哀●裏～馭左𥙿輴

 26/黄●痰～馭𨍭軒

28/黄●字～馭韞軒

67/～馭●坪夜君之畋車

70/～馭●郙尹之畋車

120/攻差坪造～行轄五乘

140/～造十真又五真

141/～造三十㡿之甲

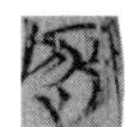
208/凡宫廏之馬～入長竑之中五乘

210/□□～嘼□□□兩馬

210/七大夫～嘼大宰匹馬

212/佣～生

214/～鬒石梁瓃鬒柤新田之貴

新

50/～●安車

57/～官令畝馭公左〔軒〕

67/～官韜桼

142/外～官之駟馬

143/宫廏之～官駟

144/～官人之駟馬

145/～官人之駟馬

146/～官人之駟馬

147/～官人之駟馬

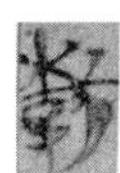
148/凡～官之馬六乘

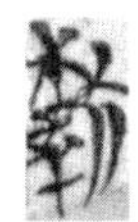
150/～造尹之騍爲右驂

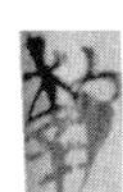
171/～官人之六馬

173/～造人之六馬

214/所鬒石梁瓃鬒柤～田之貴

𨌥

 212/～姑長𥈞

車部

車

 1正/冑趣執事人書入～

 12/郚連爤東臣所馭政～

 45/黄克●馭𨏏～

 48/宮●廄尹馭安～

 50/新●安～

 51/黄●𧆞馭□～

 53/鄦●君之～

 63/哀●還馭命尹之一乘𨋢～

 65/黄●豻馭郠君之一乘畋～

 67/所馭●坪夜君之畋～

 70/所馭●郝尹之畋～

 71/尹●瘻馭畋～

 75/黄●馭王僮～

 76/𨌲𨍢～

 77/旹梓～

 115/路～二乘

 116/二乘路～

 117/□三乘路～

 118/路～三乘

 119/鄴君帑一乘路～

 119/𣄴城君三路～

 119/遊公三乘路～

120/凡軽～十乘又二乘

120/四𩍂～

120/遊～九乘

120/一畋～

120/一王僮～

121/一輜輶～

121/路～九

123/政～

164/舊安～

165/安～

166/政～

177/王僮～

187/王帣一乘路～

188/王帣一乘路～

189/王帣一乘路～

190/大子帣三乘路～

191/坪夜君之帣路～二乘

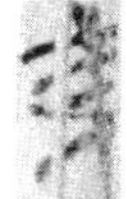
192/郲君之帣路～一乘

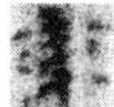
192/郲君之帣路～一乘

193/旞城君之路～三乘

194/鄗君之路～三乘

195/遊旞公之路～三乘

195/凡帣路～九乘

196/凡路～九乘

197/鄗君之軽～

197/一乘帣～

203/一乘帣～

204/凡帣～

205/乘鞶人兩與其～

209/～十乘又五

軒

4/园～

 7/囩～

 26/黄●瘀所馭𩩲～

 28/黄●字所馭𩩲～

 45/囩～

 48/褈～

 50/上～

 50/下～

 53/囩～

 54/王●魚～

 57/新官令欹馭公左〔～〕

 57/紡～

 120/囩～

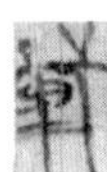 120/囩～

 128/黄瘀●馭𩩲～

 129/黄字●馭𩩲～

 172/𩩲～

 174/魚～

 203/鄦君之圓～

 簽 1/𩩲～之馬甲

 簽 2/𩩲～之馬甲

 簽 3 /𩩲～之馬甲

舁

 172/～人六馬

轂(㲉)

㲉

 73/南陵●連孎愇馭椯～

74/椯●～

120/一椯～

176/端～

載

2/二～扁

5/一褍～扁

9/一褍～扁

14/二褍～扁

17/二褍～扁

19/二褍～扁

30/一褍～扁

31/二畫扁之～

33/二褍～扁

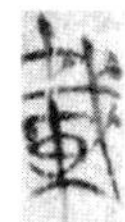
37/二紉～扁

40/二褍～扁

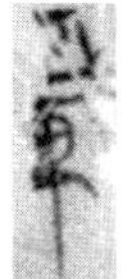
42/二〔～〕扁

68/一褍～扁

80/一𥌾～扁

82/褍～扁

84/二褍～扁

102/二褍～扁

117/～紉裹

輪

1 正/腰～

4/腰～

7/腰～

13/腰～

16/腰～

18/腰～

22/腰～

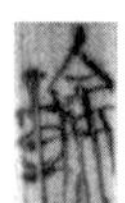
25/腰～

26/鄱～

28/鄱～

31/郘～

32/腰～

36/腰～

38/腰～

39/腰～

45/鄱～

47/鄱～

48/鄱～

50/鄱～

53/鄱～

57/鄱～

71/鄱～

73/鄱～

75/荆轓之～

斬

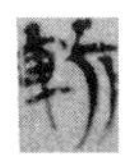
155/笁～之轡爲左驂

輹

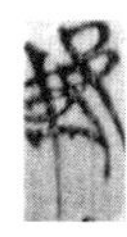
71/苲～

輴

18/齒～

58/齒～

63/齒～

軖

18/中●畧令𢤹所馭少～

42/軻紝吉●馭鄗君之一乘～

120/凡～車十乘又二乘

120/攻差坪造所行～五乘

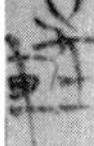
126/中●畧令𢤹馭少～

154/行～

155/行～

156/行～

157/行～

158/行～

167/乘～

169/少～

197/鄗君之～車
或可讀爲"廣"。

輨

76/輐～車

120/一輐～
《說文》"輓"字或體。

輐

76/～輨車

120/一～輨

䡅

45/黃克●馭～車

𨍭

4/宮廄令㔟所馭乘～

28/黃●孛所馭～軒

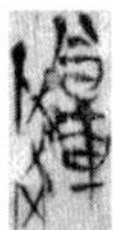
60/□〔葉〕●馭鄗君之一～

120/四～車

122/乘～

128/黃㾊●馭～軒

129/黃孛●馭隍軒

170/乘～

172/～軒

簽 1/～軒之馬甲

簽 2/～軒之馬甲

簽 3/～軒之馬甲

𨋺

149/大～

150/左～

151/左～

152/右～

153/右～

𨋴

1 正/右令建所乘●大～

16/黃●貿所馭左～

25/哀●褱所馭左襛～

36/黃夏●馭右～

38/黄●㭍馭右彤～

122/大～

133/黄●㭍馭右襢～

144/左～

145/左～

146/右～

147/右～

⿱敝車

165/乘～駟

205/乘～人兩與其車

206/乘～人兩𮡁

⿰車章

69/黄金之～

⿰車萬

10/～

⿰車卒

79/～

92/無～

轓

75/荆～之輪

𠂤　部

官

57/新～令歆馭公左〔軒〕

67/新～贛桼

142/外新～之駟馬

143/宫廄之新～駟

144/新～人之駟馬

145/新～人之騆馬

146/新～人之騆馬

147/新～人之騆馬

148/凡新～之馬六乘

149/大～之騆馬

150/大～之騆馬

151/大～之騆馬

152/大～之騆馬

153/大～之騆馬

154/大～之騆馬

155/大～之騆馬

156/大～之騆馬

157/大～之騆馬

158/大～之騆馬

159/凡大～之馬十乘

171/新～人之六馬

207/入於此櫸～之中

阜　部

陵(陸)

陸

73/南～(陵)●連爥幃馭樠轂
"陵"之異體。

隥

45/貧～

54/貧～

63/紛～

67/繽～

71/鯀～

73/歕～

75/繽～

123/鞁～

四　部

四(四、三)

四

19/～鎏聶

28/～鞁

32/～箙

36/～襹貂與彔魚之箙

57/～鞁

92/～鞁

95/～鞁

108/～襹紫魚

120/～鞶車

三

140/大凡六十真又～真

212/□～夫

212/□～夫

212/羔甫～夫

五　部

五

3/箙～秉

5/箙～秉

9/箙～秉

15/箙～秉

17/箙～秉

20/箙～秉

30/箙～秉

33/箙～秉

37/箙～秉

40/箙～秉

46/矢～秉

48/矢～秉

56/矢～秉

68/箙～秉

72/～秉矢

84/箙～秉

86/矢～秉

90/箙～〔秉〕

94/箙～秉

95/矢～秉

97/矢～秉

120/攻差坪造所行軖～乘

208/凡宮廏之馬所入長坛之中～乘

六　部

六

28/～轡

57/～瓔

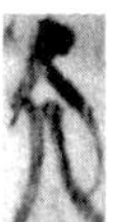
57/～轡

62/屯～翼之

92/～轡

95/～轡

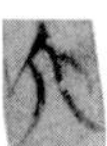
100/屯～翼之𦒱

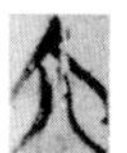
128/～馬晝甲

148/凡新官之馬～乘

212/芳～夫

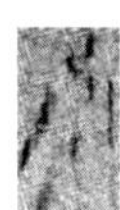
212/□溪～夫

七　部

七

58/～聚環

210/～大夫所𩣡大宰匹馬

九　部

九

9/屯～翼之𦒱

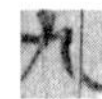
60/～矢

70/～矢

120/遊車～乘

121/路車～

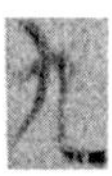
195/凡帠路車～乘

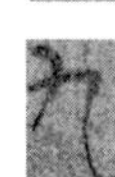
196/凡路車～乘

嘼　部

嘼(嘼)

嘼

18/中●～(嘼)令𩣡所馭少軖

126/中●～(曽)令𢡆馭少軖

152/中～(曽)尹之黄爲左驂
“曽”之異體。

甲　部

甲

43/三吳～

43/兩馬之䣛～

61/二真吳～

122/二真楚～

122/一真楚～

122/乘馬之彤～

122/參真吳～

123/一真吳～

124/一真楚～

124/一真吳～

124/乘馬畫～

124/三真楚～

125/乘馬彤～

125/二真吳～

125/一吳～

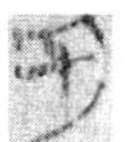
126/乘馬彤～

126/一楚～

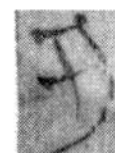
126/二吳～

126/乘馬畫～

127/三真楚～

127/乘馬彤～

127/三真吳～

127/乘馬畫～

128/二吳～

128/一吳～

128/六馬畫～

129/一吳～

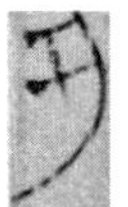 129/一吴～

 129/一吴～

 129/參䮂𦃆～

 130/匹馬索～

 130/一索楚～

 130/一楚～

 130/一吴～

 131/二吴～

 131/一楚～

 131/三䮂畫～

 132/～

 133/一吴～

 133/一吴～

 134/一吴～

 135/〔乘馬〕彤～

 136/一吴～

 136/一楚～

 136/三真楚～

 137/～

 137/乘馬畫～

 137/備～

 138/一真吴～

 138/一真吴～

 138/乘馬畫～

 139/乘馬彤～

 141/所造三十䮂之～

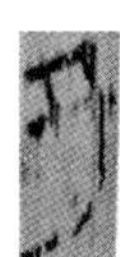 141/大凡八十馬～又六馬之甲

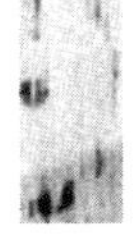
141/大凡八十馬甲又六馬之～

簽 1/聖軒之馬～

簽 2/聖軒之馬～

簽 3/聖軒之馬～

戊 部

成

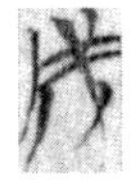
151/鄭～之騮爲右驂

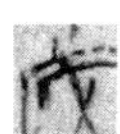
211/鄭～一馬

庚 部

庚

1 正/大莫囂牘爲適豧之春八月～申

辛 部

辟

155/～之騮爲右驂

178/～之譽爲左驌

子 部

子

147/大首之～騂馬爲右

151/司馬上～爲左驂

156/中城～之騮爲左驌

168/縣～之騮爲左驂

170/齧君～之譽爲右驌

170/㤭甫～之譽爲右驂

172/建巨之～爲右驂

173/憍之～爲右驌

173/大首之～騂爲右飛

175/至王～爲左驌

175/大首之～爲右驌

175/𡈼～爲右飛

190/大～㡀三乘路車
蕭聖中(2011)讀爲“牸”。

字

28/黄●～所馭𨍭軒

129/黄～●馭𨍭軒
疑爲“子”之異體。

巳　部

㠯

160/朱夜宴～(以)乘復尹之畋車

161/石芫贛𣏟～(以)乘其畋車

162/～(以)乘魯鴋公之陏車

申　部

申

1 正/大莫囂鴋爲適豧之春八月庚～

合　文

八十

141/大凡～～馬甲又六馬之甲

八月

01/～～

六十

140/大凡～～真又四真

三十

141/所造～～㔸之甲

四十

121/大凡～～乘又三乘

又五

140/所造十真～～真

209/車十乘～～

又六

43/矢二秉～～

141/大凡八十馬甲～～馬之甲

大夫

210/七～～所斃大宰匹馬

輊車

204/～～

畋(敏)車

160/朱夜宴以乘復尹之～(畋)車

161/石芫贛桼以乘其～(畋)～

175/～(畋)～

201/鄓君之帑～(畋)～

202/命尹之帑～(畋)～

204/～(畋)～八乘

卑車

206/～～

陥車

31/哀●立馭左尹之～～

143/～～

162/以乘魯䞓公之～～

163/麗鄗君之～～

171/～～

198/䞓鴋公之一帑～～

199/卿事之～～

200/之～～

204/～～

乘車

7/差(左)令弘所馭～～

137/～～

阩車

62/黄適●馭敂卿事之～～

六馬

171/新官人之～～

172/▢卑人～～

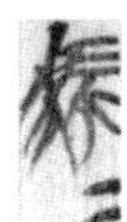
173/新造人之～～

174/乘馬之～～

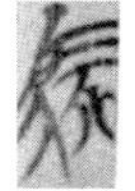
175/疋乘之～～

176/▢人之～～

駟馬

142/外新官之～～

144/新官人之～～

145/新官人之～～

146/新官人之～～

147/新官人之～～

149/大官之～～

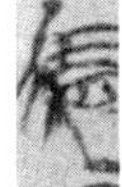
150/大官之～～

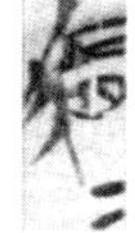
151/大官之～～

152/大官之～～

153/大官之～～

154/大官之～～

155/大官之～～

156/大官之～～

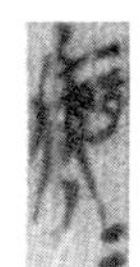
157/大官之～～

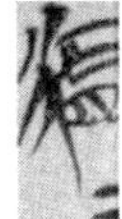
158/大官之～～

166/長腸人之～～

169/杙人之～～

177/石梁人～～

匹馬

 130/～～索甲

 210/七大夫所騂大宰～～

乘馬

 7/～～之鞁、轡

 61/～～之勼

 81/～～虁白翆

 115/～～之轡

 122/～～之彤甲

 124/～～畫甲

 124/～～黃金貴

 125/～～彤甲

 126/～～彤甲

 126/～～畫甲

 127/～～彤甲

 127/～～畫甲

 130/～～彤

 137/～～畫甲

 137/～～黃金之貴

 138/～～畫甲

 138/～～黃金之貴

 139/～～彤甲

 （ ） 210/～～

存疑字

4/～鐎

10/～轄
羅小華（2023）認爲此字應該釋爲“刈”，讀爲“軎”，可能是記録帶矛車軎的專字。

166/～驪爲右驂

171/～深驈爲左飛

171/～駣爲右驂
郭理遠(2021)分析此字疑爲從皿勺聲之字，見於清華簡《趙簡子》，用爲“趙”義。

205/□乘鼈人兩～與其車

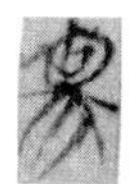
207/□凡宫廄之馬與～十乘
何琳儀(1998)釋爲“騾”之初文。

45/革～

47/革～

48/革～

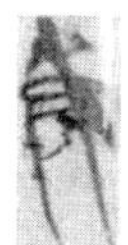
53/紫韐之～

54/革～

57/革～

63/革～

65/苲～

67/篁～

71/苲～

73/革～

75/革～
陳劍《釋"疌"及相關諸字》(2011)讀爲"車蓋"之"蓋"。

26/革～
陳劍《釋"疌"及相關諸字》(2011)讀爲"車蓋"之"蓋"。

4/革～

28/革～
陳劍《釋"疌"及相關諸字》(2011)讀爲"車蓋"之"蓋"。

70/簟～
陳劍《釋"疌"及相關諸字》(2011)讀爲"車蓋"之"蓋"。

1正/畫～

3/又～

7/畫～

13/畫～

16/畫～

18/畫～

22/畫～

25/劃～

26/劃～

30/又～

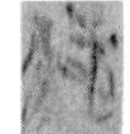
32/劃～

36/畫～

38/畫～

39/劃～

43/繽～

84/又～

101/斂～

105/畫～
程燕(2015)釋爲"鬠"讀"沙"。

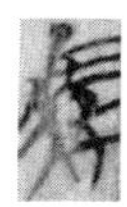
167/高～爲右驌

142/莆之～爲左驂
何琳儀(1998)釋"駢"之異文，田河(2007)釋爲"騆"。

136/黄●馭右殿
《楚地出土簡册合集》(三)(2019)：上從"尾"，下從"喬"。

49/～組之綏

50/～組之敾

53/～組之綏

59/～組之綏

67/～組之敾

71/～組之綏

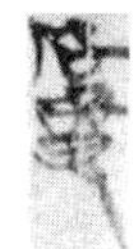
75/～組之綏

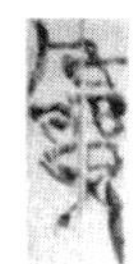
75/～組之綏

97/～組之綏

106/～組之綏

115/～組之敾

134/～組之縢
劉信芳(2006)認爲該字上部聲符從三兔，讀爲"冤"。

6/～綏

39/柘●～馭右禮㞒

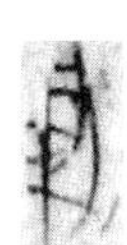
42/～紝吉●馭鄗君之一乘軖

51/黄●㦰馭～車

55/二豧～

60/□〔箕〕●～馭鄗君之一䡝
《楚地出土簡册合集》(三)(2019)：上似是"環"字，疑當讀爲"還"。

62/～□之䍐
據《楚地出土簡册合集》(三)(2019)，該字右旁爲鼠，左旁可能是從虎之字。

62/□～之䍐

71/～尹●　馭畋車

75/黄～●馭王僮車

77/才～圉
張光裕、黄錫全、滕壬生(1997)釋爲"𩎟"。

103/～
何琳儀(1998)隸定作"肣"，爲圅之異文。

108/～

116/～
蕭聖中(2014)釋爲"园"。

123/一革夜～
《楚地出土簡册合集》(三)(2019)認爲該字右旁從"匋"。

140/～

156/王孫生～之騏爲左驂
《楚地出土簡册合集》(三)(2019)：疑此字從厷從手，當是"肱"字異體。

171/　尹～之兩騮爲驌

172/～䢅人六馬
《曾侯乙墓》(1989)釋爲"遑"。

176/～人之六馬
蕭聖中(2014)釋爲"煮"。

212/～一夫
蕭聖中(2006)隸定爲"㞑"，可能是"兕"字的繁構。

212/～一夫

213/二～二公

附録釋文

一 入車

右令建馭大旆 1 背

大莫囂鴋爲適豧之春八月庚申，輂趄執事人書入車。右令建所乘●大輔：𩌏輪。弼，鞎。琱𩨨。畫[illegible]。䞤靭。虓韔，貘聶。豻殉 1 之箙，貍貘之聶。二懸箙，𧜽紫魚與录魚，二貍貘之聶；一懸箙，录魚，𢾞聶，屯𤪹組之綏。二韒，屯䞤𩌏，屯𤪹組之綏。二載扈，其一𧜽紫 2 黄紡之緗。二秦弓，弦𩨨。矢，箙五秉。一戟，三菓，又[illegible]，一翼翯。一杸，二旆，屯八翼之翯。旗𩨨。二戚。戈，屯一翼之翯。𩍐𩌏。𩌏紳。𩨨。豻首之冡。豻韠。削顯、鞅。3 紫黄紡之𦇧。𩎟鞍，豻尾之鏞。鏃𩨨。

宮廄令𧤗所馭乘𨍭：𩌏輪。畫趄。[illegible]鐫。革[illegible]。弼，鞎。琱𩨨。囩軒，紡𧝓，紫裏，貂鏞。䞤靭；二鷸綏。录魚之 4 韔，屯貂𨭉之聶。三𧜽貂與录魚之箙，狐白之聶；一𧜽貂與紫魚之箙，𢇍聶，屯𤪹組之綏。二秦弓，弦𩨨。用矢，箙五秉。一𧜽載扈，紫黄紡之緗。二 5 韒。屯䞤𩌏，□綏。二戟，屯三菓，屯一翼之翯。二旆，屯八翼之翯。其旗，翠首，紫羊須之總，紫翆之常。二黄金之戚。二戈，紫總，屯一翼之翯。劃扂；紫箙。鞎敗。衡 6 戹。顯、鞅。紫黄紡之𦇧。鞎紳，紃。豻首之冡。貂韠。乘馬之鞁、轡。𩨨。

■ 差令弘所馭𦫚=：𩌏輪。畫趄。弼，鞎。琱𩨨。畫[illegible]。囩軒，7 紡𧝓，紫裏，貂定之鏞。䞤靭；䞤扂；紫箙，二猗綏。二韒，紫組之綏。二䞤𩌏，𤪹組之綏。录魚之韔，虓𨭉之聶。三貂𧜽紫魚之箙，屯 8 貍𨭉之聶。二秦弓，弦𩨨。用矢，箙五秉。一𧜽載扈，紫黄紡之緗。二戟，屯三菓，屯一翼之翯。二旆，屯九翼之翯。翠綧，白敆之首，翠頸，翠篲，紫羊 9 須之總。貂定之笶。黄金之戚。二戈，紫總，屯二翼之翯。[illegible]轎。組珥塡。䞤衡、戹。𩍐𩌏。鞎顯、鞅。𦚏鞍，貂𨭉之鏞。紫黄紡之𦇧。鞎紳，10 紃。貂首之冡。豻韠。鞁、轡。𩨨。旅。鍦。𢾞。兼。銉。旛炑。▨ 11

■ 郘連囂東臣所馭政車：𨊠輪。革鞎。▨ 12

■ 黄●乇王所馭大屍：𩌏輪。弼，鞎。琱𩨨。畫[illegible]。西靭。虓韔，虓𨭉之聶。一𧜽紫魚录魚之箙，𢇍聶；二𧜽貂 13 與录魚之箙，貍𨭉之聶；一录魚之箙，𢇍聶。二𧜽載扈，紫黄紡之緗。一戟，三果，一翼之翯。一晉杸，二旆，屯八翼之翯。二韒。䞤𩌏，屯𤪹組之 14 綏。二畫戚。二戈，屯一翼之翻。䡅𨌏。䪂、鞅。𩪓。紫黄紡之䋛。䩛紳。貂首之𩃙。鏃𩪓。鞁、䪙。𩪓。二秦弓，弦𩪓。矢，箙五秉。㞖。旗𩪓。■ 15

黄●𩓁所馭左𨋲：䡈輪。弼，𩋀。珂𩪓。畫。西𩌏。虓韔，屯录魚𦄵。一𧜉紫魚录魚之箙，䋭𦄵；三豻殗之箙，屯䋭𦄵。二秦弓，弦𩪓。矢，箙 16 五秉。二𧜉載扈，紫黄紡之䋦。一戟，二果，一翼翻。一晉杸，二旆，屯八翼之翻。旗𩪓。二畫𢧵。二戈，屯一翼之翻。二𩍣。㪤𩊒，𤩴組之綏。䡅𨌏。䪂、鞅。𩪓。紫黄紡 17 之䋛。䩛紳。虓首之𩃙。鞁、䪙。鏃𩪓。

■ 中●𦊨令𢘸所馭少𨋲：䡈輪。齒𨋩。弼，𩋀。珂𩪓。畫。㪤𩌏；𠟭启；紫𥬔。紫〔魚之〕18 韔，屯貍𧴮之𦄵。三箙，屯𧜉紫魚录魚之箙，四䋭𦄵；一𧜉貂紫魚之箙，一貍𧴮之𦄵。二𧜉載扈，紫黄紡之䋦。二𩍣，紫組之綏。二㪤𩊒，𤩴組 19 之綏。一𤞞綏。一戟，三果，一翼之翻。一杸，二旆，屯八翼之翻。其旗𩪓。二黄金之𢧵。二戈，紫緄，屯一翼之翻。二秦弓，弦𩪓。用矢，箙五秉。㪤衡、启。䡅𨌏。黄金▨ 20 䌛䡪，貂𧴮之䋚。䩞䪂、鞅。紫黄紡▨ 21 之䋛。䩛紳。豻首之𩃙。豻𩎟。鞁、䪙。鏃𩪓。

■ 裘●定所馭左㞖：䡈輪。弼，𩋀。珂𩪓。畫。22 䌛𩌏。二𩍣。㪤𩊒，屯𤩴組之綏。虓韔，屯狐𦄵。二𧜉紫 23 ▨紫黄紡之䋛。䩞紳。虓 24 𩃙。鞁、䪙。鏃𩪓。

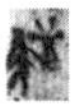

■ 哀●裛所馭左𧝏𨋲：䡈輪。弼，𩋀。珂𩪓。𠟭。䌛𩌏，革綏。二𩍣。㪤𩊒，屯𤩴組之綏。虓韔，屯狐𦄵。二𧜉紫〔之〕▨ 25

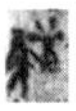

黄●痰所馭𨊠軒：𨛭輪。革。弼。珂𩪓。𠟭。㪤𩌏，𤞞綏。二𩍣。㪤𩊒，屯𤩴組之綏。虓韔，屯狐𦄵。二𧜉紫魚录魚之箙，屯一䋭𦄵；一𧜉貂录 26 ▨〔二〕畫𢧵。二戈，屯一翼 27 之翻。䡅𨌏。䪂、鞅。𩪓。䌛䡪，䋭䋚。紫黄紡之䋛。䩛紳。虓首之𩃙。四鞁，六䪙。鏃𩪓。

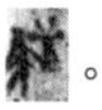

■ 黄●字所馭𨊠軒：𨛭輪。革。𩋀。珂𩪓。䌛𩌏▨ 28 二𩍣。㪤𩊒，屯𤩴組之綏。虓韔，屯虓𧴮之𦄵。三𧜉紫魚录魚之箙，三貍𧴮之𦄵，一录魚之𦄵；一𧜉貂與录魚之𦄵〈箙〉，屯狐白之𦄵。二秦弓，弦▨ 29 箙五秉。一𧜉載扈，紫黄紡之䋦。一戟，三果，又，一翼之翻。一晉杸，二旆，屯八翼之翻。旗𩪓。二畫𢧵。二戈，屯一翼之翻。䡅𨌏。䪂。𩪓。𩌿䡪，豻䋚。紫黄紡之䋛。〔䩛〕▨ 30 之𩃙。豻𩎟。鞁、䪙。鏃𩪓。

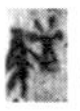

■ 哀●立馭左尹之𨊠₌：𨍭輪。二𧜉弇扈，紫黄紡之䋦。𩋀。珂𩪓。㪤𩌏，組𦂷，紫䌛之綏；紫启。二畫扈之載，紫黄紡之 31

𨞬●𧯡馭左彤㞖：䡈輪。弼，𩋀。珂𩪓。𠟭。䋰𩌏，革綏。二𩍣。𦄿𩊒，屯𤩴組之綏。虓韔，屯虓𧴮之𦄵。四箙，屯𧜉豻與貍，三貍𧴮之𦄵，一紫魚 32 之𦄵。二秦弓，弦𩪓。矢，箙五秉。二𧜉載扈，紫黄紡之䋦。一戟，三果，一翼之翻。一晉杸，二旆，屯八翼之▨ 33 ▨□二畫𢧵。二戈，屯一翼之翻。䡅𨌏。䪂、34 鞅。𩪓。紫黄紡之䋛。䋰䡪，豻尾之䋚。䩛紳。豻𩃙。豻𩎟。鞁、䪙。鏃𩪓。35

黄夏●馭右𨋲：䡈輪。弼，𩋀。珂𩪓。畫。㪤𩌏。二𩍣，組綏。二㪤𩊒，𤩴組之綏。虓韔，屯狐𦄵。四𧜉貂與录魚之箙，三貍莫（𧴮）𦄵，一狐白之 36 𦄵。二秦弓，弦𩪓。矢，箙五秉。

一戟，二果，一翼之翻。一晉杸，二旆，翻屯八翼。二畫𢧢。二戈，屯一翼之翻。二糾載扈，紫黄紡之綳。𩊁𩌏。䪾、鞅。𩍐。紫 **37** 黄紡之䋣。𩏂紳。豻首之䨱。鞁、轡。鏃𩍐。

■ 黄●梻馭右彤𨍧：𩏂輪。弼，𩋾。珚𩍐。畫[illegible]。綵勒，革綏。二𩎼。敓𩋺，𤥭組 **38**

柘● [illegible] 馭右𥛾㞙：𩏂輪。弼，𩋾。珚𩍐。剸[illegible]。貣勒。二𩎼，貣𩋺，𤥭組之綏。虓韔，二狐白之聶。一𧝇紫魚與彔魚之箙，貍𥓨之聶。三豻殉之箙 **39** 屯一貍𥓨之聶。二秦弓，弦𩍐。矢，箙五秉。二𧝇載扈，紫黄紡之綳。一戟，三果，一翼之翻。一杸，二旆，屯八翼之翻。旗𩍐。二畫𢧢。二戈，屯一翼之翻。𩊁 **40** 𩌏。䪾、鞅。𩍐。𩌋𨱃，豻尾之𨫍。紫黄紡之䋣。𩏂紳。豻䨱。鞁、轡。鏃𩍐。■ **41**

𨋍□紑吉●馭鄗君之一乘𨎲：黄金之玳。二載扈，黄金之玳，紫綳。虓韔，虓𥓨之聶。豻□之箙，無聶；二紫𥿫之箙，豻玳。二旆。二戟。二𢧢，屯𩂣翌 **42** 之翻。紛勒，紫䋷，革綏。縯[illegible]。䪾、鞅。紳。衡、戹。削綵𨱃，豻𨫍。鏃𩍐。一秦弓，矢二秉又六。三吴甲，屯紫縢；𩎟，𨌘𩍐。兩馬之糾甲，紫縢；𩎟，𩎃𩍐，無歆。兩 **43** 馬之轡，紫勒，屯戠𩂣翌。■ **44**

黄克●馭𨌤車：𨝰輪。革𩍐。貣𩋘，黄紡之綏。囩軒，紡𧜗，紫裏，貂定之𨫍。貣勒；貣扈，綧綏；紫𥳕。紫弓，彔裏。豻𩋐，彔裏。紫魚之韔，貍𥓨之聶。𧝇貂 **45** 與紫魚之箙，狐白之聶，屯𤥭組之綏。一秦弓，弦𩍐。一𩎼。無𩋺。矢五秉。革𢧢。二戈，紫𦃇，屯一翼之翻。𠃨旃，墨毛之首。𩋔敗。䪾、鞅。𩍐。𩌋𨱃。紫 **46** 黄紡之䋣。𩏂紳。豻𩂣。豻𩌦。鞁、轡。鏃𩍐。

■ 黄●建(?)馭墨乘：𨝰輪。革𩋾。革𩍐，組綏。□▨ **47**

宫●㢑尹馭安車：𨝰輪。革弦。革𩍐。𥛾軒，貂𨫍。豻𩋐。豻加，彔裏。紫𥿫之安。𩍐。紫魚之韔，無聶。彔魚之箙，無聶。一秦弓，弦𩍐。矢五秉。一犒綏。**48** 一𩎼，𩀳組之綏。縯𩋺。𩋔□。䪾、鞅。□。𩌋𨱃，𪊨□𨫍。紫黄紡之䋣。𩋔紳。豻𩂣。鞁、轡。鏃𩍐。■ **49**

新●安車：𨝰輪。紫𥿫之安。上軒，貂𨫍；下軒，豻𨫍，𩀳組之敓。□▨ **50**

黄●𢟪馭□車：□▨ **51**

𨛙●君之車：𨝰輪。囩軒，紫𥿫之𧜗，〔彔〕裏，貂定之𨫍。反彔之弦。紫𥿫之𩍐。豻常，紫綏。縯㓞，𦅫組之䋷，犒綏；縯扈，𩀳組之綏；紫因之紫𥳕，〔彔〕**53** 裏。彔魚之韔，𥿫裏，虓𥓨之聶，〔彔〕裏。一𧝇貂與彔魚之箙，屯貍𥓨之聶。𩋔敗。𩋔𩊁𩌏。䪾、鞅。䌈𨱃，虓𥓨之𨫍。紫彔之䋣。**78** 𩋔紳。豻䨱。𩌦。鞁、轡。鏃𩍐。紫旃，玄翌之首，一翼之翟。■ **79**

王●魚軒：紫𥿫之裏。縯𥳑。革𩍐，屯貂定之𨫍。貣𩋘，紫組之綏。𪗪𨪕。畫𢧢，齊紫之綳。革弓。貣勒，戠組之䋷；貣扈，二犒綏；綵韋之𥳕，齊 **54** 紫之𧜗。二𤝞□，紫𦃇，屯二翼之翻。一𩎼，組綏。縯𩋺。𧝇貂與彔魚之𩋐，紫𥿫之裏。紫魚之韔，黄紡之裏，貍𥓨之聶，紫裏。𧝇貂與紫 **55** 魚之箙，貍𥓨之聶，紫裏，屯紫組之綏。一秦弓，弦𩍐。矢五秉。敓敗。𩋔𩊁𩌏。䪾、鞅。綵𨱃，貂𨫍。紫黄紡之䋣。𩋔紳。貂首之䨱。豻𩌦。**56** 六𤪓。四鞁，六轡。鏃𩍐。

■ ●新官令欿馭公左〔軒〕：鄱輪。革[illegible]，紫組之綏。紡軒，紫□□□□弦(?)，屯貂 57 𦐉。䋎靭；劃启，二獾綏。二韔，紫組之綏。䋎靴，𤩽組之綏。齒輔。七聚環。䌺韋之箙，紫䘿之襮。紫魚之䩭，虓䩛之聶。二貂襩录魚之箙，58 豻䩛之聶，屯紫䡅之裹，龜組之綏。鞎敗。鞎韈䩸。𩍐、鞅。繇鞍，貂𦐉。紫黄紡之纓。鞎紳。貂䨜。䩗。𩍩、轡。鏃𩨨。■ 59

□〔集〕●□馭鄗君之一𨏝：弇扈，紫䋎，黄金之玳。虓䩭，虓䩛之聶。豻箙，無聶；二紫䡅之箙，豻玳。一秦弓，九矢。劃 60 靭。一旆。一戟。二戚。戈，屯𤞞孚翯。𩍐、鞅。紳。衡、㞐。削敗。繇鞍，豻𦐉。鏃𩨨。二真吳甲，紫䋎(縢)；韋，𨊠𩨨。乘馬之▨ 61

黄𨗈●馭𠫑慶事之阩車：弇扈，紫䋎。𩊚。匐。銅𩨨。繇靭。虎䩭，□□之䩚。豻箙，貍䩛之䩚。紫启。一戟，二菓，一翼翯。一杸，二旆，屯六翼之 62

哀●還馭命尹之一乘𦊫車：革[illegible]。齒輔。紛䋎，紫組之䋎。豻䡀。录魚之䩭，襩聶。襩貂與录魚之箙，一襩聶。繇靭，紫組之䋎。紫启；紫箙，63 紫录之綏。衡、㞐。鞎敗。緁經。絜紳。鞎𩍐、鞅。紫黄紡之纓。□□□ 𦐉，紫組之䋎。兩馬之轡，黄金之勒。鏃𩨨。紫組珥。■ 64

黄●豻馭郛君之一乘畋車：苲[illegible]，紫裹，紫䡅之䡅，紫䋎之䋎。虓䩭，虓䩛之聶。貍箙，䩛聶。一秦弓，三矢。朱旜。紫 65 䡅之启；繰录之箙。衡、㞐。𩍐、鞅。鞎敗。紫录之纓。熓韋之鞍，豻𦐉，紫䋎之䋎。菓紳。豻𩃔。兩馬之革轡，黄金之勒。66

所馭●坪夜君之畋車，新官𩐛柰：箄[illegible]，紫裹，紫䡅之純。緁䋎，龜組之䋎。紛靭；劃启。豻䩭，虓䩛之聶。襩紫魚與豻之箙，67 屯狐白之聶。二秦弓，弦𩨨。用矢，箙五秉。一襩載扈，紫黄紡之䋎。一戟，二菓，一翼之翯。一晉杸，二旆，屯八翼之翯。一貂旂，白敌之首，羊須之總，68 絣常。二畫戚。二戈，紫總，屯一翼之翯。䋎敗。䋎韈䩸。黄金之轙。西鞍，貂𦐉。鞎𩍐、鞅。紫黄紡之纓。鞎紳。貂首之𩃔。貂䩗。𩍩、轡。鏃〔𩨨〕。69

所馭●鄃尹之畋車，哀𡧢：箄[illegible]，紫裹，貂𦐉。虓䩭，虓䩛之𦐉。襩貂與紫魚之箙，貍䩛之聶。一秦弓，九矢。貍䡀。䡅启；劃靭；晉箙，組䋎；縞 70 綏。紫䍰，䌽䋎。敊𩨨。矢五秉，無弓。韔。鞎敗。𩍐、鞅。𩨨。繇鞍，豻䩛之𦐉。紫黄紡之纓。鞎紳。無𩃔。豻䩗。四𩍩，六轡。鏃𩨨。■ 95

[illegible]尹●𤸰馭畋車：鄱輪。苲[illegible]；苲䩜，紫裹，貂䩛之𦐉。繇䋎，龜組之綏。貣靭，獾綏；劃启；紫箙。豻䡀，录裹。录魚之䩭，〔貂〕䩛之聶。襩貂與 71 紫魚之箙，貍䩛之聶。一韔。貣靴，屯𤩽組之綏。一秦弓，弦𩨨。五秉矢。紫旃，翠首，翠頸。鞎敗。𩍐、鞅。𩨨。繇鞍。豻〔𦐉〕。▨ 72

南陵●連𨭢愇馭椯轂：鄱輪。革[illegible]。䋎䋎，紫組之綏。䋎靭，獾綏；劃启；紫箙。豻䡀，反录之裹。虓䩭，貍鞞之聶。襩貂與紫魚之▨ 73

椯●轂：录之䩭。襩貂之箙。74

黄[illegible]●馭王僮車：荆𨍭之輪。革[illegible]。革䩜。緁䋎，龜組之綏。緁靭，紫組之䋎，二獾綏；

縝扂;紫箙,龕組之綏。一鞥。縝紞。□ **75**

輴軘車:齊紫之加,录裏。紫因之箙,录裏,屯璑組之綏。■ **76**

□乘,麗。旹桲車:其革轡,黄金之釴。才𥚸圉。**77**

□,二翼之翻。旂䏶。一𠾱載扂,紫綳。鞁貝。虪、鞅。紫鞻。韔紳,鎰䩩。虎霥。兩馬之轡,黄金之勒。鑣䏶。■ **80**

□□力。鑣䏶。乘馬韏白孠。■ **81**

□襠載扂,紫黄紡之綳。一戟,二果,一翼之翻。一杸,二旆,屯八翼之翻。旂 **82** 䏶。二畫戚。二戈,屯一翼之翻。韡韜。顯、鞅。䏶。繇鞍,豻尾之䩩。紫黄紡之鞻。䩺紳。豻首之霥。鞁、轡。鑣䏶。■ **83**

弓,弦䏶。矢,箙五秉。二襠載扂,紫黄紡之綳。一戟,三果,又[illegible],一翼之翻。一晉杸,二旆,屯八莫之翻。旂䏶。二畫戚。二戈,屯一翼之翻。韡韜。顯、鞅。䏶。紫 **84** 黄紡之鞻。鞁鞁。豻𩎟。豻加,录裏,綒綏。鑣䏶。■ **85**

一襠貂與录魚之箙,紷裏,屯狐白之聶。一秦弓,弦䏶。矢五秉。一鞥,組綏。貣紞。㒱旃,朱毛之首。鞁敗。韡韜。顯、鞅。䏶。繇鞍,豻𩏂之䩩。紫 **86** 黄紡之鞻。䩺紳。豻首之霥。豻韝。旂䏶。鞁、轡。鑣䏶。■ **87**

䩩。敓韌,紫組之綎,縞綏;劃扂;紫箙。畫戚,齊紫之綳。二戈,紫緄,屯一翼之翻。录魚之韔,紫裏,一襠貂與录魚之聶,紫紷裏,一豻𩏂之聶。**88**

屯紫裏,屯璑組之綏。㒱旃,翠首,貂定之頸。鞁敗。韡韜。顯、鞅。䏶。繇鞍,豻尾之䩩。紫黄紡之鞻。䩺紳。豻霥。韝。鞁、轡。鑣䏶。■ **89**

□貂录魚之箙,一貍𩏂之聶,一鎰聶。二秦弓,弦䏶。矢,箙五□ **90**

〔紫〕黄紡之綳。一戟,二果,一翼之翻。一晉杸,二旆,屯八翼之翻。旂䏶。二畫戚。二戈,屯一翼之翼〈翻〉。韡韜。顯、鞅。䏶。繇鞍,豻尾之䩩。紫黄紡之鞻。䩺紳。虝首之 **91** 霥。無韝。四鞁,六轡。鑣䏶。■ **92**

黄紡之鞻。䩺紳。虝𢦏之霥。虝韝。轡。鑣䏶。■ **93**

□䏶。矢,箙五秉。鞁、轡。鑣䏶。■ **94**

□〔敓韌,縞綏,劃扂,紫〕箙。〔豻𩎟〕,录裏。紫魚之韔,虝𩏂之聶。襠貂與录魚之箙,狐白之聶,紫組之〔綏〕。**96** 一秦弓,弦䏶。矢五秉。一弇。貣紞,龕組之綏。二畫戚。二戈,屯一翼之翻。顯、鞅。韜。䏶。䩺紳。豻霥。豻韝。繇鞍,豻䩩。紫黄紡之鞻。鞁、轡。鑣䏶。**97**

□顯、鞅,削紫录之鞅。熀䩡,虝𩏂之䩩。䩺鞞。兩馬之轡。鑣䏶。**98**

之綳。豻韔,屯紫魚之聶。一箙,襠貂與紫魚,屯虝𩏂之聶;二箙,襠貂與录魚,二貂聶,一鎰聶。一戟,二果,二翼之翻。一杸,二□ **99** □旆,屯六翼之翻。旂䏶。二虝 **100** 首之戚。二戈,屯一翼之翻,敓[illegible]。鞁敗。衡□ **101**

綏。虝韔,一虝𩏂之聶。一录魚之箙,屯鎰聶。三豻殉之箙,一鎰聶,一貍聶,一狐白之聶。

二襩載扂，紫黄紡之綳。一戟，三果，一翼之䎏。一杸，二旆，屯八翼 **102** 之䎏，旗䠭。畫戢。二戈，屯一翼之䎏。鞿韜。䫄、鞅。䠭。紫黄紡之縏。䐶紳。□。虝首之〼 **103**

鞝。縜韌，䈥綏；劃启；紫箙。一韝。貣鞔，紫組之綏。畫戢。二戈，紫緄，屯一翼之䎏。录魚之韔，貍䡜之聶。襩貂與紫魚之箙，屯貍䡜之聶。**104**

〼〔弼〕，䩗。珂䠭。畫[illegible]。繇韌，革綏。二韝，畝鞔，瓔組之綏。虝韔，屯〼 **105**

齊紫之綳。一戈，紫緄，一翼之䎏。录羿之䤵。䠭。襩貂與录魚之䩠，紫䘦之裏，龜組之綏。录魚之韔，豻䡜之聶。一襩貂與紫魚之箙 **106**

秦弓，弦䠭。矢，箙〼 **107**

〼䡜□之聶。四襩紫魚□〼 **108**

〼□貂之箙，屯〼 **109**

〼果，一翼之䎏。一晉杸〼 **110**

〼翼之䎏，旗〼 **111**

〼衡、戹。鞁敗。繇韋之〼 **112**

〼鞁鞿韜。䫄、鞅。紫縏。䠭。繇䩜，豻䡜之鞝。鞁紳。〼 **113**

〼豻䨓。豻䩛。鞁、轡。〼 **114**

貍聶，組綏。縞綏。朱旃。鞁敗。衡、戹。䫄、鞅。紫录之縏。繇䩜，䋎鞝，龜組之鞁。鞁鞁。鉤。環。䠭。乘馬之轡。鏿䠭。**115**

路車二乘：虝䩠。削敗，䋎鞝。**115**

一[illegible][illegible]，三矢。劃箙，紫䡵。■ 二乘路車。**116**

〼□三乘路車，屯虝䩠。丌一乘，白金之弼，載紉裹。**117**

路車三乘。**118**

鄴君㠯一乘路車，䋎䩠。■ 鴋城君三路車，鄴君一乘，遊公三乘路車。**119**

■ 凡軴車十乘又二乘。四㡯車，囩軒。攻差坪䠭所行軴五乘。遊車九乘，囩軒。一畋車。一椯轂。一王僮車。一輤輗 **120** 車。路車九。■ 大凡四十乘又三乘。至紫。**121**

二 甲 胄

大㡯：●二真楚甲，索，紫䊾之縢；䩻，幃䠭。一真楚甲，紫䊾之縢；䩻，幃䠭，鞔䠭。乘馬之彤甲，䩻，彏韔䠭，屯玄組之縢。

乘㡯：●晶真吴甲，**122** 鞍墬，紫組之䑝；綍維玉[illegible]䩻，䩠䠭。一氏裪，柘縢，組繯。一常，組繯。一綢，組繯。一革衦。一革夜□，韡䠭，鞔䠭。

政車：一真吴甲，紫組之縢；綍維犀[illegible]䩻，**123** 䩠䠭。一真楚甲，索，紫組之縢；䢷䩻，䩠䠭。一真吴甲，索，紫繶之縢；綍唯䢷䩻，索，䩠䠭，三鞔。乘馬畫甲，黄紡之䑝；䩻，彏䩐䠭。乘馬黄金貴。

大●屍：三真楚甲，紕紤 124 之縢；睾，裀贉。一革綢，三翰。乘馬彤甲，黄紡之縢；睾，彇韔贉。

黄●賫馭左旆：二真吴甲，紫纑之縢；睾，裀贉。一吴甲，紫市之縢；綒唯睾，裀贉，翰贉。125 乘馬彤甲，黄紡之縢；睾，彇韔贉。

中●罾令㥷馭少輊：一楚甲，吴組之縢；睾，裀贉。二吴甲，吴組之縢；睾，裀贉，翰贉。乘馬畫甲，紫組之縢；睾，彇歖贉。126

裘定●馭左屍：三真楚甲，紫市之縢；睾，裀贉，翰贉。乘馬彤甲，黄紡之縢；睾，彇韔贉。

哀●褱馭左襢旆：三真吴甲，吴組之縢；睾，裀贉，翰贉。乘馬畫甲，127 黄紡之縢；睾，彇歖贉。一綢。

黄瘀●馭𦪚軒：二吴甲，吴組之縢；乙睾，裀贉。一吴甲，紫組之縢；綒唯睾，裀贉，翰贉。一綢，六馬畫甲，黄紡之縢；睾，彇韔 128 贉。

黄字●馭𦪚軒：一吴甲，索，吴組之縢；綒唯睾，裀贉，襹纀，紫組之縢。一吴甲，吴組之縢；睾，裀贉。一吴甲，紫市之縢；睾，裀贉，翰贉。晶駟𥎦甲，黄紡之縢；129 匹馬索甲，紫市之縢；睾，彇歖贉。

▨郿鬶●馭左彤屍：一索楚甲，紫市之縢；睾，裀贉。一楚甲，紫市之縢；睾，裀贉。一吴甲，紫紤之縢；睾，裀贉，翰贉。乘馬彤 130

黄夏●馭右旆：二吴甲，吴組之縢；睾，裀贉。一楚甲，𡗝紡之縢組；翠睾，裀贉。一綢，三翰。三駟畫甲，玄市之縢；匹馬 131 ▨甲，黄紡之縢；睾 132 彇歖贉。一□。

黄●棹馭右襢輈：一吴甲，紫纋之縢；綒唯睾，裀贉。一革綢，一吴甲，紫市之縢；睾▨ 133 ▨裀贉。一吴甲，𩵦組之 134 縢；睾，裀贉。〔乘馬〕彤甲，黄紡之縢；睾，彇歖贉。三翰。□▨ 135

黄●馭右屍：一吴甲，紫市之縢；乙睾，紫組之縢，翠䴉，裀贉。一楚甲，紫市之縢；睾。

右襢屍：三真楚甲，紫市之縢；睾，裀贉▨ 136 三翰。乘馬彤甲，黄紡之縢；睾，彇歖贉。139

甲，屯紫組之縢；睾，幃贉，翰贉。一氏裪。乘馬畫甲，㥷市之縢；睾，彇韔贉。乘馬黄金之貴。

■ 乘車：備甲，紫歜之縢；一玉，翠玌，畫幃，睾 137 贉，翠䴉。一真吴甲，纀縢；睾，幃贉。一真吴甲，紫組之縢；睾，幃贉，翰贉。乘馬畫甲，紫組之縢；睾，彇韔贉，𩌦，瀸鞅贉。乘馬黄金之貴，翠珵。一 138

▨□所贉十真又五真。■ 大凡六十真又四真。140

▨□所贉三十駟之甲。大凡八十馬甲又六馬之甲。141

三　乘　馬

蒿之爲左驂，慶事之騮爲左騑，蔡齮之騍爲右騑，鄴君之騏爲右驂。外新官之駟馬。大旆。**142**

鼆耴之黄爲左驂,莆之黄爲左騙,某柬之黄爲右騙,王衵之黄爲右驂。宫廄之新官駟。附車。**143**

駃騮爲左驂,鄗君之騮爲左騙,北坪爲右騙,右尹之騮爲右驂。新官人之駟馬。左𨌲。**144**

右尹之白爲左驂,大让尹之黄爲左騙,大攻尹之騮爲右騙,郜牧之騏爲右驂。新官人之駟馬。左𨌲。**145**

某柬之少騂爲左驂,牢令之黄爲左騙,某柬之大騂爲右騙,依騏爲右驂。新官人之駟馬。右𨌲。**146**

郜牧之騜爲左驂,高郜之騮爲左騙,大首之子騎馬爲右騙,郜牧之騜爲右驂。新官人之駟馬。右𨌲。**147**

■ 凡新官人之馬六乘。**148**

鄗尹之騮爲左〔驂〕,□莫之騮爲左騙,憍騮爲右騙,鄗君之黄右驂。大官之駟馬。大𨊾。**149**

右阩徒之騏爲左驂,鄗君之騮爲左騙,右司馬之騮爲右騙,新體尹之騜爲右驂。大官之駟馬。左𨊾。**150**

司馬上子爲左驂,某柬之譽爲左騙,畋尹之騮爲右騙,鄭成之騮爲右驂。大官之駟馬。左𨊾。**151**

大攻尹之騮爲左驂,中嘼尹之黄爲左騙,左阩徒之黄爲右騙,戠尹之褫騮爲右驂。大官之駟馬。右𨊾。**152**

𨛭馬尹之騮爲左驂,鄗君之騮爲左騙,鄗君之騮爲右騙,櫝騏爲右驂。大官之駟馬。右𨊾。**153**

右尹之白爲左驂,右尹之騏爲左騙,宰尹臣之騏爲右騙,右尹之騮爲右驂。大官之駟馬。行𨍭。**154**

笁斬之譽爲左驂,让史啟之譽爲左騙,宰尹臣之黄爲右騙,辟之騮爲右驂。大官之駟馬。行𨍭。**155**

王孫生□之騏爲左驂,中城子之騮爲左騙,让史伐之騏爲右騙,憍菑尹之黄爲右驂。大官之駟馬。行𨍭。**156**

贏尹鄙之譽爲左驂,郟騮爲左騙,贏尹鄙之黄爲右騙,濬之騮爲右驂。大官之駟馬。行𨍭。**157**

趄定之騏爲左驂,鄗君之騮爲左騙,贅尹之騏爲右騙,贅尹之騮爲右驂。大官之駟馬。行𨍭。**158**

■ 凡大官之馬十乘。**159**

坪夜君之兩騮駝,朱夜寍以乘復尹之畋車。**160**

坪夜君之兩騮駜，石芫贛桼以乘其畋車。161

復尹之一騏一黄，以乘魯旓公之陷車。162

旓城君之騮爲左驌，鄴君之騮駐爲右驌，麗，郘君之陷車。163

鄀牧之生駁爲左驌，黝夫之生駁爲右驌，長腸人與杙人之馬，麗，踦馬。舊安車。164

晭啚坪之駴爲左驂，晉旓駁爲左驌，贅尹之駴爲右驌，鄭駴爲右驂。乘鞶駟。安車。165

高趄之騜爲左驂，旓城君之騂爲左驌，潋騮爲右驌，[illegible]驪爲右驂。長腸人之駟馬。政車。166

郙彿之騮爲左驂，豹裘爲左驌，高[illegible]爲右驌，高鄀之騮爲右驂。乘馬駟。乘鞋。167

緜子之騮爲左驂，司馬〔之〕☐ 168 ☐驌，黝夫之騍爲右驌，左司馬之騮爲右驂。杙人之駟馬。少鞋。169

高鄀之爲左驂，黝夫之譽爲左驌，翻君子之譽爲右驌，朹甫子之譽爲右驂。尨馬駟。乘肈。170

[illegible]深驊爲左飛，朹甫之騮爲左驂，裁尹[illegible]之兩騮爲驌，[illegible]駓爲右驂，宋客之騮爲又飛。新官人之六馬。陷車。171

殤禐之譽爲左飛，獏之譽爲左驂，卿事之譽爲左驌，鄴君之譽爲右驌，建巨之子爲右驂，獏之譽爲右飛。[illegible]弆人六馬。肈軒。172

郝鄗之騂爲左飛，公騂爲左驂，鄴君之騂爲左驌，憍之子爲右驌，宋司城之騂爲右驂，大首之子爲右飛。新䟫人之六馬。墨乘。173

沱國爲左飛，嬛駐爲左驂，黝夫之譽爲左驌，杠黑爲右驌，難駁爲右驂，司馬之白爲右飛。乘馬之六馬。魚軒。174

宮廄尹之騮爲左飛，大宰之騮爲左驂，丕壬子爲左驌，大首之子爲右驌，某束之騮爲右驂，丕子爲右飛。疋乘之六馬。畋車。175

鄭襣白爲左飛，宋司城之駐爲左驂，哀臣之駐爲左驌，樂君之駐爲右驌，左尹之駐爲右驂，酉郝之駐爲右飛。[illegible]人之六馬。端轂 176

☐之騏爲左驂，少市之駴爲左驌，司馬之譽爲右驌，少市之騮爲右驂。石梁人駟馬。王僮車。177

黝夫之駴爲左驂，辟之譽爲左驌，賓公之駴爲右驌。大路。驂。178

鄀牧之晶匹駒騮。戎路。179

鄀牧之騮爲左驌，賓公之黄爲右驌。朱路。180

牧人之騏爲左驌，牧人之騮爲右驌。朱路。181

賓公之駴爲左驌，鄀牧之黄爲右驌。朱路。182

賓公之驕爲左驌，賓公之黄爲右驌。輎路。183

牧人之兩黄。輎路。184

鄭君之驈，攻尹之騮☐ 185

☐□路。186

王幣一乘路車，三匹騮。187

王幣一乘路車，麗兩騮。188

王幣一乘路車，麗〔匹〕黄、匹騮。189

大子幣三乘路車，其一乘駟，其二乘屯麗。190

坪夜君之幣路車二乘，屯麗。191

鄴君之幣路車一乘，麗。192

旟城君之路車三乘，屯麗。193

鄗君之路車三乘，屯麗。194

遊公之路車三乘，屯麗。凡幣路車九乘。195

□■ 凡路車九乘。196

鄗君之軽車，一黄駐左驌，一嚳駐爲右驌。一乘幣車，麗。197

贅旟公之一幣陏車，麗。198

慶事之陏車，一驈駐，一黄駐，二。199

☐之陏車，麗兩騮。200

鄍君之幣敏車，麗兩黄。201

命尹之幣畋車，麗兩嚳。202

鄭君之圓軒，左驌騜，右驌駐。一乘幣車，麗。203

■ 凡幣車：軽車、陏車、畋車八乘。204

乘鳘人兩[illegible]與其車。205

乘鳘人兩雌，卑車。206

■ 凡宫廄之馬[illegible]與十乘，入於此桴官之中。207

■ 凡宫廄之馬所入長坛之中五乘。208

☐車十乘又五☐ 209

四　䡅馬及其他

□□所䡅□□□兩馬，司馬兩馬，□尹兩馬，左尹兩馬，右尹兩馬，左尹乘馬。七大夫所䡅大宰匹馬，大尹兩馬，宫廄尹一馬，少帀兩馬，𨛭司馬一馬，𨛭 210 馬尹一〔馬，大〕☐ 52

☐尹一馬，左阩徒一馬，右阩徒一馬，鄭成一馬，㱿尹搣一馬 211

佣所生：芳六夫，□溪六夫，□四夫，□四夫，羔甫四夫，[illegible]一夫，遖二人，桊一夫，樊牛一夫，芹二夫，□一夫，□一夫，柏溪二夫，䣐二夫，桐溪一夫，瓁一人，□夜二夫，□□二夫，□二

夫，□一夫，斱姑長暘 **212**

三夫，㓗𨻰三夫，瓀一夫，二[illegible]二公，郰二夫，旜一夫。**213**

所𧸘石梁諱𧸘柤新田之盄，杙爲人，凡莫、郘。**214**

[illegible] **215**

𨸏軒之馬甲。**簽牌 1** 𨸏軒之馬甲。**簽牌 2** 𨸏軒之馬甲。**簽牌 3**

主要參考文獻

B

白於藍:《曾侯乙墓竹簡中的"鹵"和"櫓"》,《中國文字》新29期,藝文印書館,2003年12月。

白於藍:《曾侯乙墓竹簡考釋(四篇)》,《中國文字》新30期,藝文印書館,2005年11月。

白於藍:《釋"紋"》,復旦大學出土文獻與古文字研究中心網站2010年4月5日;後刊於《古文字研究》第28輯,中華書局,2010年10月。

C

曹菁菁:《曾侯乙墓遣册車載兵器研究》,北京大學碩士學位論文,2007年。

曹菁菁:《車之五兵新考——以曾侯乙墓遣册爲中心》,《中國典籍與文化》2015年第3期。

陳秉新:《楚系文字釋叢·釋罢》,《楚文化研究論集》第5集,黄山書社,2003年6月。

陳　劍:《柞伯簋銘補釋》,《傳統文化與現代化》1999年第1期。

陳　劍:《上博簡〈子羔〉〈從政〉篇的拼合與編連問題小議》,簡帛研究網2003年1月8日。

陳　劍:《説"安"字》,《語言學論叢》第31輯,商務印書館,2005年8月;後收入陳劍:《甲骨金文考釋論集》,綫裝書局,2007年4月。

陳　劍:《釋造》,《出土文獻與古文字研究》第1輯,復旦大學出版社,2006年12月。

陳　劍:《釋"疌"及相關諸字》,出土文獻研究方法國際學術研討會,臺灣大學文學院,2011年11月26—27日。

陳　偉:《包山楚簡初探》,武漢大學出版社,1996年8月。

陳　偉:《包山楚簡中的宛郡》,《武漢大學學報(哲學社會科學版)》1998年第6期。

陳　偉:《楚竹書〈周易〉文字試釋》,簡帛研究網2004年4月18日。

陳　偉:《車輿名試説(兩則)》,《古文字研究》第28輯,中華書局,2010年10月。

陳　偉等:《楚地出土戰國簡册[十四種]》,經濟科學出版社,2009年8月。

陳偉武:《説"貘"及相關諸字》,《古文字研究》第35輯,中華書局,2004年11月。

程　燕:《談曾侯乙墓竹簡中的"沙"》,《江漢考古》2015年第2期。

D

董　珊:《楚簡簿紀與楚國量制研究》,《考古學報》2010 年第 2 期。

G

郭寶鈞:《殷周車器研究》,文物出版社,1998 年 12 月。

郭永秉:《〈讀平王問鄭壽〉篇劄記二則》,簡帛網 2007 年 8 月 30 日。

郭理遠:《讀曾侯乙墓竹簡、望山楚墓竹簡雜記》,《漢字漢語研究》2021 年第 1 期。

H

何　浩:《文坪夜君的身份與昭氏的世系》,《江漢考古》1992 年第 3 期。

何家興:《釋曾侯乙墓竹簡中的"箮"》,復旦大學出土文獻與古文字研究中心網站 2009 年 3 月 7 日。

何家興、楊現昌:《楚簡考釋四則》,《江漢考古》2012 年第 2 期。

何琳儀:《包山楚簡選釋》,《江漢考古》1993 年第 4 期。

何琳儀:《戰國古文字典》,中華書局,1998 年 9 月。

何琳儀:《戰國文字通論(訂補)》,江蘇教育出版社,2003 年 1 月。

何琳儀:《新蔡竹簡選釋》,《安徽大學學報》2004 年第 3 期。

何琳儀:《隨縣竹簡選釋》,《華學》第 7 輯,中山大學出版社,2004 年 12 月。

何琳儀、徐在國:《釋"邾"及其相關字》,《中國文字》新 27 期,藝文印書館,2001 年 12 月。

河南省文物考古研究所等:《三門峽虢國墓》第一卷,文物出版社,1999 年 12 月。

湖北省博物館:《曾侯乙墓》,文物出版社,1989 年 7 月。

湖北省荊沙鐵路考古隊:《包山楚墓》,文物出版社,1991 年 10 月。

胡平生、張德芳:《敦煌懸泉漢簡釋粹》,上海古籍出版社,2001 年 8 月。

胡平生、李天虹:《長江流域出土簡牘與研究》,湖北教育出版社,2004 年 10 月。

黃德寬:《楚簡〈周易〉"[illegible]"字説》《中國文字研究》第 6 輯,廣西教育出版社,2005 年 10 月。

黃盛璋:《鄴器與鄴國地望及與楚之關係考辨》,《江漢考古》1988 年第 1 期。

黃錫全:《汗簡注釋》,武漢大學出版社,1990 年 8 月。

黃錫全:《〈包山楚簡〉部分釋文校釋》,收録於黃錫全:《湖北出土商周文字輯證》,武漢大學出版社,1992 年 10 月。又收入黃錫全:《古文字與古貨幣文集》,文物出版社,2009 年 5 月。

J

賈連敏:《新蔡葛陵楚墓出土竹簡釋文》,載於河南省文物考古研究所編著《新蔡葛陵楚墓》,大象出版社,2003 年 10 月。

蔣禮鴻:《敦煌變文字義通釋(第四版增訂本)》,上海古籍出版社,1981 年 4 月。

荊門市博物館:《郭店楚墓竹簡釋文與注釋》,載於荊門市博物館:《郭店楚墓竹簡》,文物出版社,1998 年 5 月。

L

賴怡璇:《楚地出土戰國簡册十四種校訂》,臺灣中興大學中國文學系碩士論文,2011 年 6 月。

李家浩:《包山楚簡研究(五篇)》,《第二屆國際中國古文字學研討會論文》,香港中文大學中國語文及文學系,1993 年。

李家浩:《信陽楚簡中的"柿枳"》,《簡帛研究》第 2 輯,法律出版社,1996 年 9 月。

李家浩:《楚墓竹簡中的"昆"字及"昆"之字》,《中國文字》新 5 期,藝文印書館,1999 年 12 月。收入李家浩:《著名中年語言學家自選集·李家浩卷》,安徽教育出版社,2002 年 12 月。

李家浩:《包山楚簡的旌旆及其它》,收入李家浩:《著名中年語言學家自選集·李家浩卷》,安徽教育出版社,2002 年 12 月。

李家浩:《楚大府鎬銘文新釋》,收入李家浩:《著名中年語言學家自選集·李家浩卷》,安徽教育出版社,2002 年 12 月。

李均明:《尹灣漢墓出土"武庫永始四年兵車器簿"初探》,《尹灣漢墓簡牘綜論》,科學出版社,1999 年 2 月。

李　零:《讀楚系簡帛文字編》,《出土文獻研究》第 5 集,科學出版社,1999 年 8 月。

李守奎:《楚文字考釋(三組)》,《簡帛研究》第 3 輯,廣西教育出版社,1998 年 12 月。

李守奎:《出土簡策中的"軒"和"圓軒"考》,《古文字研究》第 22 輯,中華書局,2000 年 7 月。

李守奎:《楚簡文字四考》,《中國文字研究》第 3 輯,廣西教育出版社,2002 年 10 月。

李守奎:《曾侯乙墓竹簡"水"部字補釋》,《第四屆國際中國古文字學研究會論文集》,香港中文大學中國語言及文學系,2003 年 10 月。

李守奎:《楚文字編》,華東師範大學出版社,2003 年 12 月。

李天虹:《釋曾侯乙墓竹簡中的"𧥢"》,《古文字研究》第 26 輯,中華書局,2006 年 11 月。

李學勤:《論葛陵楚簡的年代》,《文物》2004 年第 7 期。

李學勤:《文物中的古文明》,商務印書館,2008 年。

劉國勝:《楚喪葬簡牘集釋》,武漢大學歷史學院博士學位論文,2003 年 5 月。

劉國勝:《楚喪葬簡牘集釋》(修訂本),2005 年 3 月。

劉文強:《論大旆》,《文與哲》第 18 期,2011 年 6 月。

劉信芳:《楚簡器物釋名(上篇)》,《中國文字》新 22 期,藝文印書館,1997 年 7 月。

劉信芳:《楚簡器物釋名(下篇)》,《中國文字》新 23 期,藝文印書館,1997 年 12 月。

劉信芳:《楚系文字"瑟"以及相關的幾個問題》,《鴻禧文物》第3輯,崇豐印刷企業有限公司,1997年12月。

劉信芳:《從夆之字彙釋》,《容庚先生百年誕辰紀念文集》,廣東人民出版社,1998年4月。

劉信芳:《望山楚簡讀記》,《簡帛研究》第3輯,廣西教育出版社,1998年12月。

劉信芳:《楚簡釋字四則》,《古文字研究》第24輯,中華書局,2002年7月。

劉信芳:《包山楚簡解詁》,藝文印書館,2003年1月。

劉信芳:《新蔡葛陵楚墓的年代以及相關問題》,《長江大學學報(社會科學版)》第27卷第1期,2004年。

劉信芳:《曾侯乙簡文字補釋六則》,《簡帛》第1輯,上海古籍出版社,2006年10月。

劉信芳:《楚簡釋讀與〈方言〉補例試説》,《文獻》2010年第3期。

劉永華:《中國古代車與馬具》,上海辭書出版社,2002年1月。

劉　雨:《信陽楚簡釋文與考釋》,《信陽楚墓》附録,文物出版社,1986年3月。

劉　釗:《包山楚簡文字考釋》,中國古文字研究會第九届學術討論會論文,1992年;又載於《東方文化(香港)》1998年第1、2期;收入劉釗:《出土簡牘文字叢考》,臺灣古籍出版有限公司,2004年3月。

劉　釗:《讀郭楚簡字詞劄記》,《郭店楚簡國際學術研討會論文集》,湖北人民出版社,2000年5月。

劉　釗:《"舌"字源流考》,《古文字研究》第30輯,中華書局,2014年。

羅小華:《戰國簡册所見車馬及其相關問題研究》,武漢大學博士學位論文,2011年。

羅小華:《曾侯乙墓竹簡編聯局部制整》,簡帛網2012年11月27日。

羅小華:《戰國簡册中的車馬器物及制度研究》,武漢大學出版社,2017年。

羅小華、劉洪濤:《曾侯乙墓簡中的車軎》,《出土文獻》2023年第2期。

P

裴明相:《談楚車》,《楚文化研究論集》第1集,荆楚書社,1987年1月。

鵬　宇:《曾侯乙墓竹簡文字集釋箋證》,華東師範大學碩士學位論文,2010年5月。

彭　浩:《談曾侯乙基竹簡的"扈"》,《簡帛》第10輯,上海古籍出版社,2015年。

彭邦炯:《帶矛車軎與古代衝車》,《考古與文物》1984年第1期。

Q

裘錫圭:《談談隨縣曾侯乙墓的文字資料》,《文物》1979年第7期。

裘錫圭:《釋"弘""强"》,《古文字論集》,中華書局,1992年8月。

裘錫圭、李家浩:《曾侯乙墓竹簡釋文與考釋》,《曾侯乙墓》附録一,文物出版社,1989年7月。

S

山西省文物工作委員會：《侯馬盟書》，文物出版社，1976 年 12 月。

單育辰：《談戰國文字中的“凫”》，簡帛網 2007 年 5 月 26 日。

尚　偉：《楚簡殘漶字研究——以曾侯乙墓竹簡爲中心》，吉林大學博士學位論文，2014 年 12 月。

施謝捷：《楚簡文字中的橐字》，《楚文化研究論集》第 5 集，黄山書社，2003 年 6 月。

石黑日沙子著，劉曉路譯：《關於曾侯乙墓出土竹簡的考察》，《简帛研究譯叢》第 2 輯，湖南人民出版社，1998 年 8 月。

史傑鵬：《讀包山司法文書簡劄記三則》，《简帛研究二〇〇一》，廣西教育出版社，2001 年 9 月。

舒之梅：《包山簡遣策車馬器考釋五則》，《容庚先生百年诞辰纪念文集》，廣東人民出版社，1998 年 4 月。

宋華强：《新蔡楚簡的初步研究》，北京大學博士學位論文，2007 年 5 月。

宋華强：《釋曾侯乙墓竹簡的“弩”》，簡帛網 2011 年 1 月 7 日。

宋華强：《曾侯乙墓竹簡考釋一則》，簡帛網 2011 年 3 月 21 日。

蘇建洲：《楚簡從“戋”之字考釋》，簡帛研究網 2003 年 9 月 5 日。

蘇建洲：《釋楚文字的“股”字》，復旦大學出土文獻與古文字研究中心網站 2012 年 5 月 13 日。

孫　慧：《曾侯乙墓出土竹簡 C 類簡的分組再商榷》，《簡帛》第 16 輯，上海古籍出版社，2018 年。

孫　慧：《曾侯乙墓出土 A、B 類竹簡局部簡序再商榷》，《簡帛研究》2019 年。

孫　機：《有刃車害與多戈戟》，《文物》1980 年第 12 期。

孫　機：《始皇陵二號銅車馬對車制研究的新啟示》，《文物》1983 年第 7 期。

孫　機：《中國古輿服論叢》，文物出版社，1993 年 6 月。

孫啟燦：《曾文字編》，吉林大學碩士學位論文，2016 年 4 月。

T

滕壬生：《楚系簡帛文字編》，湖北教育出版社，1995 年 7 月。

譚維四：《曾侯乙墓》，文物出版社，2001 年 9 月。

天　虹：《曾侯乙墓出土車害銷字補正》，《江漢考古》1991 年第 4 期。

田　河：《出土戰國遣冊所記名物分類匯釋》，吉林大學博士學位論文，2007 年 4 月。

W

汪少華：《韗鞔考——〈考工记〉名物考證之一》，《語言研究》2002 年第 4 期。

汪少華:《中國古車輿名物考辨》,商務印書館,2005 年 9 月。

王紀潮:《曾侯乙墓的發現與研究》,《鴻禧文物》第 2 期,崇豐印刷企業有限公司,1997 年 12 月。

王子楊:《曾國文字研究》,北京師範大學碩士學位論文,2008 年。

吴紅松:《〈楚系簡帛文字編〉校勘(曾侯乙墓部分)》,《古籍研究》2003 年第 2 期。

吴曉筠:《商至春秋時期中原地區青銅車馬器形式研究》,《古代文明》第 1 輯,文物出版社,2002 年 4 月。

吴郁芳:《𣪘徒考》,《江漢考古》1985 年第 1 期。

王振鐸:《東漢車制復原研究》,科學出版社,1997 年 3 月。

武漢大學簡帛研究中心,湖北省博物館編著:《楚地出土戰國簡册合集 3: 曾侯乙墓竹簡》,文物出版社,2019 年 11 月。

X

蕭聖中:《略論曾侯乙墓遣策中的車馬制度》,《鴻禧文物》第 2 輯,崇豐印刷企業有限公司,1997 年 12 月。

蕭聖中:《曾侯乙墓遺册中的䡩車、乘䡩和䡩》,《江漢考古》1999 年第 1 期。

蕭聖中:《曾侯乙墓竹簡釋文補正暨車馬制度研究》,武漢大學博士學位論文,2005 年 5 月。

蕭聖中:《楚國車馬制度考述》,《江漢論壇》2005 年第 6 期。

蕭聖中:《曾侯乙墓竹簡編聯與綴合關係的局部調整與考察》,《武漢大學學報(人文版)》2006 年第 5 期。

蕭聖中:《曾侯乙墓竹簡殘泐字試補十九則》,《簡帛》第 1 輯,上海古籍出版社,2006 年 10 月。

蕭聖中:《曾侯乙墓竹簡釋文訂補(十則)》,《簡帛》第 2 輯,上海古籍出版社,2007 年 11 月。

蕭聖中:《曾侯乙墓竹簡殘泐字三補(六則)》,簡帛網 2011 年 1 月 3 日。

蕭聖中:《曾侯乙墓竹簡釋文補正暨車馬制度研究》,科學出版社,2011 年 7 月。

蕭聖中:《曾侯乙墓竹簡與江陵天星觀一號墓竹簡從"爭"之字》,楚簡・楚文化與先秦歷史文化國際學術研討會論文,2011 年 10 月。

蕭聖中:《曾侯乙墓竹簡釋字二則》,簡帛網 2012 年 5 月 12 日。

蕭聖中:《曾侯乙墓竹簡殘泐字補釋五則》,《江漢考古》2014 年第 5 期。

謝映蘋:《曾侯乙墓鐘銘與竹簡文字研究》,臺灣中山大學碩士論文,1994 年。

徐在國:《上博竹書(二)文字雜考》,《學術界》2003 年第 1 期。

徐在國:《上博竹書(三)〈周易〉釋文補正》,簡帛研究網 2004 年 4 月 24 日。

許道勝:《讀曾侯乙墓簡册劄記》,《楚文化研究論集》第 13 集,上海古籍出版社,2018 年。

許道勝:《讀曾侯乙墓簡册劄記(續)》,《湖南省博物館館刊》第 14 輯,2018 年。

Y

揚之水:《詩經名物新證》,北京古籍出版社,2000 年 2 月。

楊伯峻:《春秋左傳注》,中華書局,1981 年 9 月。

楊澤生:《楚系簡牘中从“肉”从“歹”之字考釋》,《古漢語研究》2001 年第 3 期。

袁國華:《由曾侯乙墓竹簡幾個從水的文字談起——兼論〈詩·周頌·殷武〉“罙入其阻”句“罙”字的來歷》,《中國文字》新 23 期,藝文印書館,1997 年 12 月。

Z

曾憲通:《楚文字釋叢(五則)》,《中山大學學報》1996 年第 3 期。

張光裕、黄錫全、滕壬生:《曾侯乙墓竹簡文字編》,藝文印書館,1997 年 1 月。

張鐵慧:《曾侯乙墓竹簡文字編》,吉林大學碩士學位論文,1995 年。

張鐵慧:《曾侯乙墓竹簡釋文與考釋讀後記》,《江漢考古》1996 年第 3 期。

張新俊:《上博楚簡文字研究》,吉林大學博士學位論文,2005 年 4 月。

張新俊:《曾侯乙墓竹簡“䩨”字補釋》,《厦大史學》第 2 輯,厦門大學出版社,2006 年 3 月。

趙逵夫:《“左徒”新考》,《荆州師範學院學報》2003 年第 1 期。

趙平安:《戰國文字中的“宛”及其相關問題研究——以與縣有關的資料爲中心》,《第四届國際中國古文字學研討會論文集》,香港中文大學中國語言及文學系,2003 年。

趙平安:《戰國文字中的鹽及相關資料研究》,《華學》第 6 輯,紫禁城出版社,2003 年。收入趙平安:《新出簡帛與古文字古文獻研究》,商務印書館,2009 年 12 月。

趙平安:《釋曾侯乙竹簡中的“綒”和“桴”——兼及昆、黽的形體來源》,《簡帛》第 1 輯,上海古籍出版社,2006 年 10 月。

鄭若葵:《論商代馬車的形制和繫法復原》,《東南文化》1992 年第 6 期。

鄭若葵:《論中國古代馬車的淵源》,《華夏考古》1995 年第 3 期。

周鳳五:《郭店〈性自命出〉“怒欲盈而毋暴”説》,《新出土文獻與古代文明研究》,上海大學出版社,2004 年 4 月。

曾永義:《儀禮車馬考》,臺灣中華書局,1986 年 9 月。

朱德熙:《朱德熙古文字論集》,中華書局,1995 年 2 月。

朱德熙:《戰國文字資料裏所見的廄》,《出土文獻研究》,文物出版社,1985 年 6 月。

朱德熙、裘錫圭、李家浩:《望山一、二號墓竹簡釋文與考釋》,《江陵望山沙冢楚墓》,文物出版社,1996 年 4 月。

朱德熙:《朱德熙文集第五卷·古文字集》,商務印書館,1999 年 9 月。

莊淑慧:《曾侯乙墓出土竹簡考》,臺灣師範大學碩士論文,1995 年。

筆畫檢字表

圖書在版編目(CIP)數據

楚系簡帛字形合編系列五種. 曾侯乙墓竹簡字形合編 / 俞紹宏主編;洪德榮,葉楠編著. —上海: 上海古籍出版社, 2023.12
ISBN 978-7-5732-0907-8

Ⅰ.①楚… Ⅱ.①俞… ②洪… ③葉… Ⅲ.①曾侯乙墓—竹簡文—字形—研究 Ⅳ.①K877.54

中國國家版本館 CIP 數據核字(2023)第 202320 號

楚系簡帛字形合編系列五種
曾侯乙墓竹簡字形合編
俞紹宏　主編
洪德榮　葉　楠　編著
上海古籍出版社出版發行
(上海市閔行區號景路 159 弄 1-5 號 A 座 5F　郵政編碼 201101)
(1) 網址: www.guji.com.cn
(2) E-mail: guji1@guji.com.cn
(3) 易文網網址: www.ewen.co
上海中華印刷有限公司印刷
開本 787×1092　1/16　印張 19　插頁 5　字數 401,000
2023 年 12 月第 1 版　2023 年 12 月第 1 次印刷
印數: 1—1,300
ISBN 978-7-5732-0907-8
H·268　定價: 158.00 元
如有質量問題,請與承印公司聯繫